Das Dessau-Wörlitzer Gartenreich

RKE WANDERER ACH

Norbert Eisold

Das Dessau-Wörlitzer Gartenreich

Der Traum von der Vernunft

Mit Fotos von Peter Kühn
und einem Geleitwort von Erhard Hirsch

HINSTORFF

Meiner Mutter

Es ist mir ein Bedürfnis, all denjenigen zu danken, die meine Arbeit an diesem Buch in vielfältiger Weise unterstützt haben. Zu besonderem Dank bin ich Herrn Prof. Dr. Erhard Hirsch verpflichtet.

Titelbild: *Blick von der Friederikenbrücke zum Wörlitzer Schloß*
Seite 2: *Wörlitz, Schochs Garten: Warnungsaltar (Detail)*
Rücktitel: *Schönitz, Wachhaus Limesturm*

»Das Dessau-Wörlitzer Gartenreich – Der Traum von der Vernunft« erschien erstmals 1993 im DuMont Verlag, Köln. Es wurde für die Neuauflage gründlich überarbeitet und aktualisiert.

Die Deutsche Bibliothek – CIP-Einheitsaufnahme
Eisold, Norbert:
Das Dessau-Wörlitzer Gartenreich : der Traum von der Vernunft / Norbert Eisold. Mit Fotos von Peter Kühn. - Rostock : Hinstorff, 2000
ISBN 3-356-00847-1

1. Auflage 2000
Druck und Bindung: Druck- und Verlagshaus Erfurt GmbH
Printed in Germany
ISBN 3-356-00847-1

Zum Geleit

Ob im Frühling, wenn die Blattknospen springen, aber noch alle Sichten offen sind, oder im Herbst zur Zeit der Laubfärbung – auch im Sommer ist das Dessau-Wörlitzer Gartenreich ein immer wechselndes Landschaftsgemälde mit seinen schwingenden Waldrändern entlang der Veduten und Gartenlandstraßen, da niemand – selbst in England nicht – so die Kunst, »Grün in Grün zu malen«, verstand, wie schon ein Zeitgenosse des Vater Franz vom fürstlichen Gärtner rühmte. Der »Friedensfürst« wurde nicht nur der bedeutendste Landschaftsgärtner seiner Zeit, sondern trug ebenso den Ruhm des Pädagogen auf dem Fürstenthron davon: Dessauer Philanthropismus und Landschaftsgestaltung reichten sich die Hand in einem nach Goethe »wohladministrierten und zugleich äußerlich geschmückten Lande«, das noch die Equipe der Bauhaus-Professoren oder der geniale Erfinder Hugo Junkers zu ihrer Wahlheimat erkoren und letzterer »einen pädagogischen Garten vollendeter Harmonie« nannte.

Mit dem Gartenreich war hier »ein Garten für Menschen« geschaffen, wie ein aufgeklärter süddeutscher Professor notiert, wo er »in duftendem Schatten« der extra für den Fußgänger angelegten »Unterwege« wandeln konnte. Von hier nahm die bürgerliche, die »neuere Erziehung« ihren Ausgang, von hier kam der Schulsport zur Heranbildung einer gesunden Jugend, und die Drehbergspiele waren ein Meilenstein auf dem Wege zum modernen »Olympismus«. Von hier gingen im Bunde mit dem »neuen Gartenstil« der deutsche Klassizismus und die Neugotik aus, die als ein Zweiparteiensystem der Stile (Sedlmayr) auch in der Profanarchitektur das ganze 19. Jahrhundert beherrschten. Dessau, die Wiege des Historismus, setzte ihm nach dem Ersten Weltkrieg zugleich auch den Schlußpunkt mit dem weltberühmten Bauhaus-Gebäude.

Auf diesen Spuren einer ewig jugendlichen Landschaft führt uns der Schriftsteller und Kulturhistoriker Norbert Eisold mit gleicher Begeisterung die Gartenschöpfungen eines aufgeklärten Szenario vor, indem er sie aus dem geistigen Umfeld der philosophischen, literarischen und künstlerischen Strömungen des Epochenumbruchs der frühen Klassik heraus interpretiert. Eisold verfolgt das Gedankengut aus dem Erbe des historischen Gartenreichs bis zum »Industriellen Gartenreich«, einer Idee des heutigen Bauhauses aus der Wendezeit, das in den Industriebrachen des mitteldeutschen Braunkohlereviers um Wolfen–Bitterfeld–Zschornewitz viel Gutes stiften könnte, sich aber aus der Kernzone des Franzischen Gartenreichs heraushalten sollte – das Beispiel Vockerode schreckt und hindert die Anerkennung des Gartenreichs als wertvolles Weltkulturerbe, das es doch aber zweifellos ist.

Möge auch der zweiten Ausgabe des Gartenreich-Führers der gleiche Erfolg wie der ersten (1993 bei DuMont) beschieden sein, um einem immer breiteren Publikum die humanistischen Werte praktizierter Aufklärung und Frühklassik – in ihrer Umsetzung in eine »Pädagogische Provinz« nach Wieland »Zierde und Inbegriff des 18. Jahrhunderts« – nahezubringen. »So viel neues um mich herum«, notierte Goethe staunend bei seinem ersten Dessau-Wörlitz-Besuch 1776. Im gleichen Jahr schrieb der Pädagoge J. G. Schummel: »Man lernt hier auch überall etwas, man mag kommen, wohin man will«.

Erhard Hirsch

Einführung

»Nützlich zu sein und Gutes zu stiften sind in meinen Augen unsere Schuldigkeit und die angenehmste Beschäftigung unseres Lebens.«

Franz von Anhalt-Dessau, 1768[1]

Berühmt und vielbesucht sind heute die Englischen Anlagen von Wörlitz, dem ersten großen Landschaftsgarten auf dem europäischen Festland. Wörlitz ist jedoch nur das strahlende Juwel in einer ganzen Kette von Gärten jenes von den Zeitgenossen so enthusiastisch gefeierten »Gartenreiches« Anhalt-Dessau, das für Christoph Martin Wieland »Zierde und Inbegriff des 18. Jahrhunderts«[2] war.

Wenn es wahr ist, daß »in der Suche nach dem Glück das große Erbe des 18. Jahrhunderts an die kommenden Generationen«[3] liegt, besteht in Wörlitz und an vielen anderen Stellen im ehemaligen Gartenreich Anhalt-Dessau die Chance, etwas von dieser nach wie vor uneingelösten Erbschaft zu erspüren – und zugleich ihre katastrophale Mißhandlung zu erkennen.

Anhalt-Dessau war als Keimzelle des deutschen Klassizismus, der Neugotik und vor allem des frühen Landschaftsgartens nach englischem Vorbild eines der bedeutendsten Kunstzentren im Deutschland des 18. Jahrhunderts und damit den Schöpfungen unter dem Preußenkönig Friedrich II., dem sächsischen Barock Augusts des Starken oder der Weimarer Hochklassik ebenbürtig. Durch ein beinahe alle Lebensbereiche umfassendes Reformprogramm ist es zu einem historischen Phänomen geworden, das mit seinem freilich idealtypischen, doch in vielen Teilen auch praktizierten Gesellschaftsentwurf trotz aller notwendiger Kompromisse weit über sich selbst hinausweist. Diese gestaltgewordene Utopie, diese Verheißung eines Goldenen Zeitalters zwischen zwei eher durch blutige Auseinandersetzungen geprägten Epochen, war der Versuch einer »Revolution auf Taubenschwingen von oben«[4] und auf nichts Geringeres gerichtet als auf eine vernünftige Regelung des menschlichen Zusammenlebens und Wirtschaftens in einem von der Hand des Künstlers verschönten Land. Angestrebt wurde also die Verbindung des »Schönen mit dem Nützlichen«[5].

Gotthold Ephraim Lessings Maxime, daß der Mensch nicht zum Vernünfteln, sondern zum Tun geschaffen sei, hätte auch von den Dessauer Reformern stammen können. »Ich glaubte«, resümierte Fürst Franz im Alter, »den äußeren Menschen und seine Verhältnisse und Zustände müsse man erst verändern und bessern, dann werde der innere Mensch wohl von selbst sich regen und veredeln«.[6] Er war der Reformer auf dem Thron. Das aufgeklärte Deutschland feierte ihn als vorbildlichen Landesvater und als Gartengestalter, der mit seiner Wörlitzer Schöpfung Europa in Erstaunen versetzte.

Das von Johann Joachim Winckelmann vermittelte Antikeerlebnis und die fortschrittliche englische Lebenskultur waren neben den Ideen der europäischen Aufklärung die wichtigsten Quellen, aus denen bei der Umgestaltung des Landes geschöpft wurde. Dazu gehörten die Neuordnung des Armen- und Medizinalwesens und die Intensivierung der landwirtschaftlichen Produktion ebenso wie der mit der allgemeinen Landesverschönerung zusammenhängende Straßen- und Deichbau oder die Toleranzpolitik gegenüber den Juden. Der eng mit der Aufklärung verknüpfte pädagogische Aspekt durchdrang mehr oder weniger alle Lebensbereiche und gipfelte in der Einrichtung von Johann Bernhard Basedows weltberühmter Erziehungsanstalt »Philanthropin« und in der allgemeinen Schulreform durch den bedeutenden Pädagogen Carl Gottfried Neuendorf. Als wichtige Träger geisteswissenschaftlicher und künstlerischer Entwicklungen sollen hier nur der Musiker Friedrich Wilhelm Rust, der vielfältig begabte Jurist August von Rode, der Militärtheoretiker Georg Heinrich von Berenhorst und Prinz Johann Georg aus einer großen Zahl am Reformwerk Beteiligter genannt werden. Herausragend ist die Rolle des Architekten Friedrich Wilhelm von Erdmannsdorff als künstlerisch stärkster Kraft und zugleich als Anreger, Vertrauter, Kritiker und unermüdlicher Ideenlieferant.

Das wegen seiner Geschlossenheit von Zeitgenossen mit dem Paradies verglichene Gartenreich Anhalt-Dessau bildet heute kein »Gesamtkunstwerk« mehr. Neben relativ glücklich über die Zeit geretteten Anlagen wie Wörlitz oder Luisium haben Industrialisierung, Krieg, Vandalismus oder bloße Ignoranz vieles verkommen lassen oder zerstört, an dessen Rückgewinnung heute mehr denn je gearbeitet wird.

Die Hoffnung auf ein vernünftiges Leben und Wirtschaften in einer harmonisch gestalteten Natur existiert weiter, auch und gerade in Dessau. Am dortigen Bauhaus wurde 1989 das Projekt eines »Industriellen Gartenreiches« initiiert. Es will beitragen zur zukunftsträchtigen Wiedergewinnung und Neustrukturierung einer Region, in der kraß wie selten in Europa Naturzerstörung und großartiger Zukunftsentwurf nebeneinanderstehen.

Das Recht des Stärkeren

Die Lebenszeit Leopolds III. Friedrich Franz von Anhalt-Dessau (1740–1817) umfaßt in etwa die Zeit von den Schlesischen Kriegen bis zur Gründung des Deutschen Bundes auf dem Wiener Kongreß. Es war für ganz Europa eine Phase dramatischer Umwälzungen: Aufgrund des Interessenkonfliktes der beiden deutschen Großmächte, dem unter Friedrich II. aufgestiegenen Preußen und der alten Kaisermacht Österreich, sowie den mit untauglichen Mitteln geführten Revolutionskriegen brach das alte Reich auseinander. In den unter dem Protektorat Napoleons stehenden Rheinbundstaaten, im krisengeschüttelten Österreich und in dem aus dem Kreis der Großmächte ausgeschiedenen Preußen setzten nach 1806 Reformen ein, die die verhängnisvolle Trennung von Staat und Gesellschaft beseitigen und den Weg in eine von einer pflichtbewußten Beamtenschaft getragene konstitutionelle Monarchie öffnen sollten. Faktisch ermöglichten diese Reformen die Überwindung der napoleonischen Fremdherrschaft und führten nach 1815 zu einem losen föderalistischen Staatenbund, mit dem ein deutscher Nationalstaat bürgerlich-demokratischer Prägung vorerst in unbestimmte Ferne rückte.

Welche Rolle konnten in einer solchen Zeit Zwergstaaten wie Anhalt-Dessau spielen? Am 21. Oktober 1806 traf Napoleon aus Halle kommend in Dessau ein. Das erste Gespräch zwischen ihm und Franz von Anhalt ist übermittelt. Kaiser: »Haben Sie ein Kontingent zur preußischen Armee gestellt?« Franz: »Nein.« Kaiser: »Und warum nicht?« Franz: »Weil man es nicht verlangt hat.« Kaiser: »Wenn man es aber verlangt hätte?« Franz: »So würde ich es gestellt haben, Ew. Majestät kennen ja das Recht des Stärkeren.«[7] Die Szene, die später als Beleg für die Standhaftigkeit und Würde des Fürsten, »der der Ruhm und die Freude Deutschlands war«,[8] auch auf der Bühne aufgeführt wurde, skizziert illusionslos die Situation. Der Dessauer war immer klug genug, sie zu erkennen, und brachte sein Ländchen relativ unbeschadet durch die Zeit. Napoleon ließ Anhalt-Dessau für neutral erklären und lud Franz nach Paris ein, damit ihm dieser als einer der passioniertesten Jäger seiner Zeit einige Jagden regierte. Dem Kaiser lag offenbar viel

Johann Heinrich Christian Frank (?): Leopold III. Friedrich Franz von Anhalt-Dessau, *um 1780*

daran, den guten Ruf des Fürsten für seine Zwecke zu nutzen. »Sie können mir glauben«, meinte Franz noch 1808 zu seinem Propst und späteren Biographen Friedrich Reil, »Napoleon will das Gute und Rechte, die wahre Wohlfahrt der Völker. Er will ein System von Staaten bilden, in dem jeder einzelne Staat sich als Teil des großen Ganzen glücklich fühlen und als Glied der großen europäischen Familie be-

Angelica Kauffmann: Luise Henriette Wilhelmine von Anhalt-Dessau, *1796*

trachten soll.«[9] Es war dies offenbar ein Gedanke, dem sich der auf Vernunft und Ausgleich bedachte, von der europäischen Aufklärung geprägte Fürst nur schwer entziehen konnte.

Die dauerhaftere, seit Johann Georg II. bestehende Anlehnung an Preußen behielt bei aller Krisenhaftigkeit jedoch immer die Oberhand. Sie gestaltete sich besonders intensiv während der Regierung des Alten Dessauers (1676–1747), der unter drei brandenburgischen Herrschern in deren Armee diente und mit der Einführung des Gleichschrittes und der Erfindung des eisernen Ladestockes Wesentliches zur Modernisierung ihres Heeres beitrug. Daß er mit seinen in preußischen Diensten erworbenen Mitteln den heimischen Adel auskaufte und besonders im Deichbau, der Entwässerung und der Gründung von Vorwerken die heimische Landwirtschaft auf die Höhe der Zeit zu bringen suchte, bildete das ökonomische Fundament für den Musterstaat des Enkels.

Franz' Regierungszeit begann allerdings mit einem Eklat, denn kaum war er in die preußische Armee eingetreten und hatte 1756/57 an Feldzügen in Sachsen und Böhmen teilgenommen, verlangte er seinen Abschied und ließ nach seiner Thronbesteigung 1758 Anhalt-Dessau für neutral erklären. Friedrich II. behandelte das Land daraufhin wie einen Feindstaat und belegte es bis zum Ende des Siebenjährigen Krieges mit harten Kontributionen, die Franz zum großen Teil aus eigenen Mitteln zahlte. Auch bedeutete der Austritt aus der Armee nicht etwa Unabhängigkeit. Als Franz sich anschickte, seinem Bruder die Regierung zu überlassen und mit seiner bürgerlichen Geliebten nach England zu gehen, um »dort als Privatmann seinem Genius zu leben«[10], griff wiederum Friedrich der Große ein und präsentierte ihm seine eigene Cousine Henriette Wilhelmine Luise, Prinzessin von Brandenburg-Schwedt, als künftige Gattin. »[...] ich habe vor Friedrich dem Großen mehr Furcht gehabt, als ich vor dem Kaiser habe«, äußerte Franz im Alter. »Friedrich ließ sich, wenn er böse war und etwas argwöhnte, gar nicht bedeuten und bestand fest auf seinem Kopf. [...] Was er wollte, mußte durchaus geschehen.«[11] Franz fügte sich, nicht widerwillig, und normalisierte damit das Verhältnis zu Preußen. »Sie ist«, schrieb er an Winckelmann, »schöner als alle alten Köpfe, und in ihrem Charakter, der stets das Vorzüglichste ist, übersteigt sie jedes Ideal.«[12] Die Ehe muß sich auf sexuellem Gebiet schon nach wenigen Wochen als Desaster erwiesen haben. Da eine Scheidung nicht in Frage kam, entschied man sich später für eine Art morganatische Nebenehe mit der Tochter des Gärtners Johann Leopold Ludwig Schoch, einer Frau, die Luise angeblich selbst ausgewählt haben soll. 1778 griff Friedrich erneut entscheidend in die Politik Anhalt-Dessaus ein, als er sowohl Franz als auch dessen Freund Karl August von Sachsen-Weimar zur Zahlung von Kontributionen und Stellung von Soldaten zwang. Die Idee zur Gründung eines Fürstenbundes zum Schutz vor den Übergriffen der

Großmächte, gleichzeitig von Franz von Anhalt und dem Weimarer sowie Karl Friedrich von Baden als Reaktion darauf entwickelt, wurde von Preußen zu seinem Vorteil umgebogen.

Es wäre wohl trotzdem zu einfach, die durch diese Interventionen gewachsene distanzierte Haltung bloß mit verachtender Abneigung zu identifizieren, wie sie der von Franz lebenslang verehrte Winckelmann mit seinem oft zitierten »Schinder der Völker« für Friedrich II. übrig hatte, zumal der Gelehrte den Anhaltiner im Gegenzug zu einem Gottgleichen machte, in dessen edler Seele alle menschlichen Tugenden in höchstem Maße vereinigt seien. Die Dessauer bewahrten sich ihren kritischen Blick auf die preußischen Verhältnisse, die viele von ihnen aus eigener Anschauung kannten, und gehörten zu denjenigen, die der bald einsetzenden Legendenbildung um Friedrich II. entgegentraten. Faktisch ähnelte das Verhältnis zwischen Preußen und Anhalt-Dessau dem zwischen absolutem Fürst und Untertan. Franz spricht von Friedrich wie von einem strengen, unter bestimmten Umständen gegen die Wünsche seiner Kinder tauben Vater. Andererseits zeugte Friedrichs Gattinnenwahl für Franz durchaus auch von »väterlichem« Verständnis. Und Franz' wachsendes Verantwortungsbewußtsein gegenüber seinem Land ist ohne das von Friedrich bei aller Widersprüchlichkeit überzeugend verkörperte Pflichtethos – nach dem der Fürst der erste Diener seines Staates zu sein habe – nicht oder doch nur schwer denkbar.

Trotzdem wird man kaum davon sprechen können, daß sie ähnliche Ausgangspositionen hatten und unter annähernd gleichen Bedingungen wirkten. Dagegen steht allein schon die Größe und damit das politische Gewicht der von ihnen regierten Länder. Es war vielleicht mehr als nur Zufall, daß sowohl die erste geschlossene klassizistische Kultur des Kontinents als auch die Weltgeltung erlangende literarische deutsche Hochklassik in politisch bedeutungslosen Kleinstaaten entstanden. Beide muten sie wie Versuche an, das utopische Vermögen des Systems noch einmal sichtbar zu machen, in Anhalt-Dessau stärker als in Weimar. Es ist das Verdienst des anhaltischen Fürsten, die einmalige historische Chance, die ihm seine »Machtlosigkeit« bot, auf diese Weise genutzt zu haben.

Edel und groß, schön und nützlich

Es ist angedeutet worden, daß die Rolle Preußens und besonders die Friedrichs II. nicht nur in bezug auf Anhalt-Dessau in weit mehr bestand, als den macht- und landhungrigen größeren Vetter zu spielen. Der Aufklärer auf dem Thron – und als nichts anderes sah sich Friedrich – ließ sich mit dem französischen Philosophen Paul-Henri Dietrich Baron d'Holbach 1770 auf eine Diskussion darüber ein, ob ein König von seinen Untertanen abgesetzt werden dürfe oder nicht, ein für die Herrscher vor Friedrich undenkbarer Vorgang. Auch die Generation nach ihm, zu der Franz von Anhalt gehörte, hat ihn in vielen Dingen nicht erreichen können. Franz' strikte Ablehnung der Französischen Revolution und der damit zusammenhängenden radikalen demokratischen Forderungen zeigt die freilich verständliche politische Beschränktheit auch der Reformer. So verehrte Joseph II. von Österreich, der wegen seiner radikalen Neuerungen der »Revolutionär auf dem Thron« genannt wurde, in Friedrich gleichermaßen den Aufklärer, Reformer und Machtpolitiker.

Das Zeitalter, in dessen Spätphase man sich befand und das gern als das der Aufklärung apostrophiert wird, war eine widersprüchliche, von vielen politischen und geistigen Strömungen geprägte Epoche. Während sich das Verständnis der Welt und auch der Begriff vom Menschen und seiner Gesellschaft durch Entdeckungsreisen, wissenschaftliche Erkenntnisse und Erfindungen explosionsartig erweiterte, wurde der Mensch durch die angewachsenen Mittel langsam zur existentiellen Gefahr für sich und die Welt. Das Krachen des ersten mechanischen Webstuhles mischte sich in das scheinbar schwerelose Spiel harmonisch wirbelnder Klänge von *Figaros Hochzeit*. Aufklärer organisierten sich in den Geheimgesellschaften der Freimaurer. In Deutschland, wo die Aufklärung länger als in anderen europäischen Ländern eine Sache des Geistes geblieben war, begann sie in dieser Spätphase politische Realität zu werden, wobei aufklärerische Reformierung, die sich an der menschlichen Vernunft orientierte, immer die Oberhand über Bestrebungen zu gewaltsamen Umbrüchen behielt. Doch wuchs auch hier das Bedürfnis nach praktisch spürbaren Veränderungen, eine Einstellung, die so recht in das Konzept der Dessauer Reformer um Franz paßte.

Franz von Anhalt hatte bereits mit elf Jahren seine Eltern verloren und wuchs unter der Obhut seiner weniger der höfischen Sitte als vielmehr bürgerlichen Vorstellungen verpflichteten hugenottischen Hofmeister auf. Auch der Einfluß seines Vormundes Fürst Dietrich darf nicht unterschätzt werden. In lapidarer Kürze wird Franz ihn später mit den drei Adjektiven menschenfreundlich, großmütig und tapfer ehren, allesamt Eigenschaften, die auch ihm selbst nachgesagt wurden und Dietrich als jenen Onkel charakterisieren, dem sich der Knabe von Anfang an nahe fühlte. Als dritter wichtiger Einfluß seiner Kindheit ist sicherlich der in Anhalt-Dessau herrschende reformiert-calvinistische Glaube zu nennen. Die seit Fürst Joachim Ernst, also seit der Mitte des 16. Jahrhunderts, im Anhaltischen heimische calvinistische Kirche, die die göttliche Auserwähltheit des Menschen an der Größe seines Arbeitserfolges maß, verband Franz sowohl mit dem Absolutismus als auch mit der Aufklärung, die sich ihrerseits wiederum in ihrer Kritik überholter wirtschaftlicher und sozialer Verhältnisse, der vernünftigen Regelung feudaler Regierung und der Einschränkung der kirchlichen Macht zugunsten des Staates begegneten.

Als Franz von Anhalt sich anläßlich seines 16. Geburtstages 1756 in Dessau aufhielt, kam es zum ersten Zusammentreffen zwischen ihm und dem jungen sächsischen Adligen Friedrich Wilhelm von Erdmannsdorff (1736–1800), der mit und neben dem Fürsten zum bestimmenden Protagonisten der Dessauer Reformen werden sollte und dessen Bedeutung in vieler Hinsicht kaum zu überschätzen ist. Erdmannsdorff, in der spätbarocken höfischen Gesellschaft Dresdens aufgewachsen, hatte bis zu seinem Treffen mit Franz bereits eine exzellente Erziehung genossen: Früh in die klassische Bildung und in die Kunstbetrachtung eingeführt, absolvierte er vier Lehrjahre in Leipzig, besuchte danach die Dresdner Ritterakademie und studierte schließlich bis 1757 in Wittenberg. Direkt oder indirekt kam er durch diesen Lebensumkreis in Kontakt mit geistigen und künstlerischen Strömungen, die durch ihre aufklärerische Prägung zu Wegbereitern der aufkommenden klassizistischen Kultur wurden. So lebten zum Beispiel in Dresden zu dieser Zeit der Maler Friedrich Adam Oeser und Johann Joachim Winckelmann, der hier 1755 seine programmatische Schrift *Gedanken über die*

Friedemann Hunold: Büste Friedrich Wilhelm von Erdmannsdorff, um 1798

Nachahmung der griechischen Werke in der Malerei und Bildhauerkunst veröffentlichte. In Leipzig lehrten die Aufklärer Johann Christoph Gottsched und Christian Fürchtegott Gellert. Der von Franz so verehrte Gotthold Ephraim Lessing, dessen Jugendfreund Christian Felix Weiße und Friedrich Gottlieb Klopstock studierten hier. Über Leipzig kam auch die moderne englische Publizistik nach Deutschland. Der Herausgeber der *Brittischen Bibliothek*, Karl Wilhelm Müller, und viele andere Leipziger Persönlichkeiten waren später Gäste in Dessau.

Vor diesem geistigen Hintergrund, der sich durch zahlreiche Bildungsreisen erweiterte, ist Erdmannsdorff nicht nur einer der bedeutendsten Architekten der europäischen klassizistischen Baukunst geworden, sondern zugleich der engste Berater, Anreger und Freund des Dessauer Fürsten. »Hätte ich Erdmannsdorff nicht zur Seite gehabt, der mich immer wieder ermunterte und auffrischte, wenn ich matt werden wollte, so würde ich vieles gar nicht begonnen, anderes liegen gelassen haben«,[13] äußerte sich Franz später gegenüber Friedrich Reil. Reil selbst, der nicht müde wurde, das Lob des Fürsten über seinen Gefährten zu zitieren, schrieb: »Man muß nicht glauben, daß der Herr von Erdmannsdorff nur der Studiendirektor, Baumeister und Reisegefährte des Fürsten gewesen ist, [...] er war – ohne ein öffentliches Amt zu haben oder einen besonderen Titel zu führen – der einzige Vertraute, der Herzensfreund desselben, sein Ratgeber in den wichtigsten Angelegenheiten, der Vermittler in den schwierigsten Verhältnissen, auf dessen Wort und Rat der Fürst das größte Gewicht legte, dessen Lob und Tadel ihm mehr galt, als aller Beifall und alles Mißfallen der Welt.«[14]

Johann Wolfgang von Goethe und Karl August von Sachsen-Weimar, persönlich mit Franz bekannt und zeitweilig eng mit ihm verbunden, versuchten, dieses Modell einer Beziehung zwischen Geist und Macht nachzuleben. Skurril und bezeichnend zugleich ist in diesem Zusammenhang, daß Karl August mit Karoline Jagemann die Nebenehe des Dessauers »kopierte«.

Der Dessauer Kulturkreis wurde in vielen Bereichen Vorbild und Konkurrent der heute im öffentlichen Bewußtsein weit präsenteren Weimarer. Eine spätere Äußerung Franz' über Goethe erhellt diese Beziehung und die Unterschiede zwischen den sozial engagierten Aufklärern und den »Weimarer Genies«: »Goethe [...] setzt Kunst und Natur über die Menschheit, macht Mittel zum Zweck, hebt nur die sinnliche Seite am Menschen hervor, und hat sich wenig oder gar nicht um die sittlich-religiöse Bildung des Volkes bekümmert.«[15] An anderer Stelle meinte Franz: »Sonst war er mir, ich weiß nicht, wie ich es ausdrücken soll, zu vornehm, zu höfisch-gemessen, manchmal unangenehm schweigsam. Auch spürte ich im allgemeinen etwas von Inhumanität an ihm.«[16] Dies mag hart klingen und ungerecht sein, verweist aber mit aller Deutlichkeit auf den aufklärerisch-sozialen Ansatz der Dessauer Reformer, dem auch die bald einsetzende Reisetätigkeit zu dienen hatte.

Schon 1761/62 hatte Franz Erdmannsdorff nach Italien geschickt, um Winckelmann in Rom wegen seiner Dresdner Programmschriften und der darin entwickelten Nachahmungstheorie aufzusuchen. Erdmannsdorff jedoch zog es vor, seinen ersten Italienaufenthalt auf die Städte Bologna, Florenz und Venedig zu beschränken. Doch danach folgten die großen und ertragreichen Bildungs- und Studienreisen: 1763/64 nahmen Franz und Erdmannsdorff mit dem Gärtner Johann Friedrich Eyserbeck den Weg über die Niederlande nach England. Schon 1765 brachen sie wieder auf, diesmal für fast zwei Jahre. Neben dem Fürsten und seinem zukünftigen Architekten waren Hans Jürge, der jüngere Bruder von Franz, Georg Heinrich von Berenhorst, die Musiker Friedrich Wilhelm Rust und Georg Wilhelm Kottowsky, der Bildhauer Johann Christian Ehrlich und der Kammerherr Georg Christoph Hesekiel mit von der Partie. Diese wohl erfolgreichste Tour ging über Italien, Frankreich und wieder in das geliebte England. 1770 reisten Franz und Erdmannsdorff in die Schweiz, Erdmannsdorff fuhr von dort weiter nach Italien. 1775 folgte eine Fahrt des Fürstenpaares mit Friedrich Wilhelm von Erdmannsdorff, Johann Christian Neumark und Georg Friedrich von Raumer über Paris, wo sie Jean-Jacques Rousseau besuchten, nach England. 1782 war Franz mit Luise abermals in der Schweiz und 1785 mit dem Erbprinzen und August von Rode das letzte Mal in England.

Die große Italienreise Mitte der 60er Jahre brachte endlich die Begegnung mit Winckelmann, der Zentralfigur der deutschen Antikerezeption seiner Zeit und Begründer der modernen Archäologie und Kunstgeschichtsschreibung. Sowohl der Fürst, Erdmannsdorff als auch Hans Jürge studierten unter seiner Anleitung; und der strenge Meister konnte Franz' Eifer nicht genug loben. Obwohl Winckelmann nun gewiß der wichtigste Anreger bezüglich des antiken Erbes für die Dessauer war, folgte ihm gerade Erdmannsdorff in seiner strikten Forderung der »Nachahmung des griechischen Stils« nur bedingt. Vielmehr verband die Konzeption Erdmannsdorffs frühe Eindrücke des sächsischen Spätbarock, des in Dessau beheimateten niederländisch beeinflußten Barock und der Renaissance – hier sind insbesondere die Ideen von Andrea Palladio und die als vorbildlich begriffenen Architektur- und Schmuckformen der griechischen und römischen Antike zu nennen –, ein Stilreigen, in den schließlich auch noch die Gotik eingereiht wurde. So kann es nicht verwundern, daß August von Rode den undogmatischeren Praktiker Charles-Louis Clérisseau als den »eigentlichen Einführer des Hrn. von Erdmannsdorff in die antike Baukunst«[17] bezeichnete.

Clérisseau, der selbst Maler und Architekt war, kannte zugleich die modernen englischen Architekten des Neopalladianismus – William Chambers, die Brüder Robert und James Adam sowie Charles Cameron – und den Architekturdilettanten und späteren Präsidenten der Vereinigten Staaten von Amerika, Thomas Jefferson, und war ihnen durch Lehrer- beziehungsweise Mitarbeiterschaft verbunden. Darüber hinaus gab es viele, zum Teil lebenslange Arbeitskontakte und Freundschaften, so etwa zu dem Vasensammler und Vulkanforscher Sir William Hamilton, dem englischen Gesandten in Neapel, dem Altertumsforscher, Maler und Kunsthändler Friedrich Reiffenstein, Giovanni Battista Piranesi, Bartolomeo Cavaceppi, Anton Raphael Mengs, den Malerbrüdern Jacob Philipp und Georg Hackert sowie zahlreichen anderen deutsch-römischen Künstlern.

Trotz der gefühlten Nähe, des Studiums der alten Architektur und Literatur blieb die Antike ein fernes, vielfach mißverstandenes Ideal in einer eher desolaten Gegenwart. England, das Franz bald sein zweites Vaterland nannte, besaß den unleugbaren Vorteil einer vitalen Kultur und Wirtschaft. Und bei aller Fortschrittlichkeit war es von einem starken konservativen Element getragen, daß die Verbindung zur eigenen Vergangenheit lebendig hielt. »In England«, meinte Franz von Anhalt »kann man ein ordentlicher Mensch werden, in Frankreich geht man unter und in Italien ist es Natur und Kunst, das Altertum in seinen herrlichen Gebilden, die Ruinen einer untergegangenen Welt, was den Geist erhebt und nährt, wenn auch das Herz bricht.«[18]

Die Antike erschien edel und groß, England jedoch schön und nützlich, geistig vertrauter, als Vorbild für das eigene Land weit brauchbarer. Zudem begegneten die Dessauer hier einer bereits erfolgreich antizipierten, über die Renaissancearchitekturen Andrea Palladios vermittelten Antike, die vielfach erst über den angelsächsischen Umweg zum Modell wurde. Sie entstand ganz selbstverständlich neben den Bauten der in England nie ganz abgestorbenen und eben zu dieser Zeit wieder verstärkt aufgegriffenen heimischen Gotik.

Der Fürst, Erdmannsdorff und seine Begleiter durchreisten die Britischen Inseln bis nach Schottland hinauf, verkehrten in den vornehmsten englischen Familien, an deren gesellschaftlichem Leben sie rege teilnahmen. Sie lernten die wichtigsten Architekten des englischen Klassizismus, Robert und James Adam sowie William Chambers, kennen.

Charles-Louis Clérisseau, Porträt in der Bibliothek des Wörlitzer Schlosses

Chambers, der für die europäische Asienrezeption von Bedeutung war, arbeitete auch als Gartenarchitekt und schuf die Königlichen Anlagen in Kew Gardens, die nur einer der vielen neuen Landschaftsparks waren, die die Dessauer besuchten. Aus dem Zusammenspiel der vielgesichtigen Architektur mit den scheinbar so naturnahen Kunstgebilden der landwirtschaftlicher Nutzung unterworfenen Gartenräume – den sogenannten »ornamental farms« –, dem Wohlstand begründenden industriellen Fortschritt und der angenehmen, privaten bürgerlichen Lebensweise des englischen Landadels schöpften Franz, Erdmannsdorff und ihre Begleiter die Ideen für die Umgestaltung ihres eigenen Landes.

Die Rekapitulation der so erst im nachhinein zu formulierenden programmatischen Grundsätze durch Franz' Biographen Reil macht die scheinbar ungeheure Vermessenheit des Projektes deutlich: »Es kam auf nicht Geringeres an, als auf eine durchgreifende Reform alles Bestehenden in Wissenschaft und Leben, in Schule und Kirche, als auf Umgestaltung alles Gegebenen und Vorhandenen, kurz auf eine neue Schöpfung aller Dinge, durch die das Alte verjüngt, das Rohe veredelt und verschönert und allenthalben, wo es sich tun ließ, einem neuen Geiste in einem neuen Leibe Bahn gebrochen und Raum gegeben werden sollte. [...] Der Plan des Fürsten im ganzen und großen war aber dieser: zuerst das Notwendige und Nützliche, das Materielle und Leibliche; dann das Geistige, Sittliche und Religiöse; zuletzt alles das, wodurch die schönen Künste mit ihren lebendigen und bewegten Darstellungen, in beredter Rede und in lieblichen Melodien den Menschen an sich ziehen und gewinnen, ihm das Heiligtum seines inneren, geistigen Lebens aufschließen, seine Sinnlichkeit veredeln, seinen Geist erheben, sein Herz mit seligen Ahnungen erfüllen, ihn zum Streben nach dem Höheren ermuntern und fühlen lassen, daß er im Bewußtsein seiner erhabenen Menschenwürde göttlichen Geschlechts ist.«[19]

Dessauer Verhältnisse

Das 1797 durch den Anschluß von Anhalt-Zerbst auf etwa 1000 Quadratkilometer angewachsene Ländchen wurde von 53 000 Menschen bewohnt; davor waren es gut 30 000 gewesen. Anders als in Preußen konnte sich Franz dank der rigiden Austreibung des Landadels durch seinen Großvater wirklich als absoluter Herrscher fühlen und sein Fürstentum wie eine riesige Domäne regieren. Im übrigen hatte das Land

Anhaltisches Wappen, Teil einer Kaminverzierung für das Dessauer Schloß, heute im Gotischen Haus zu Wörlitz, um 1805

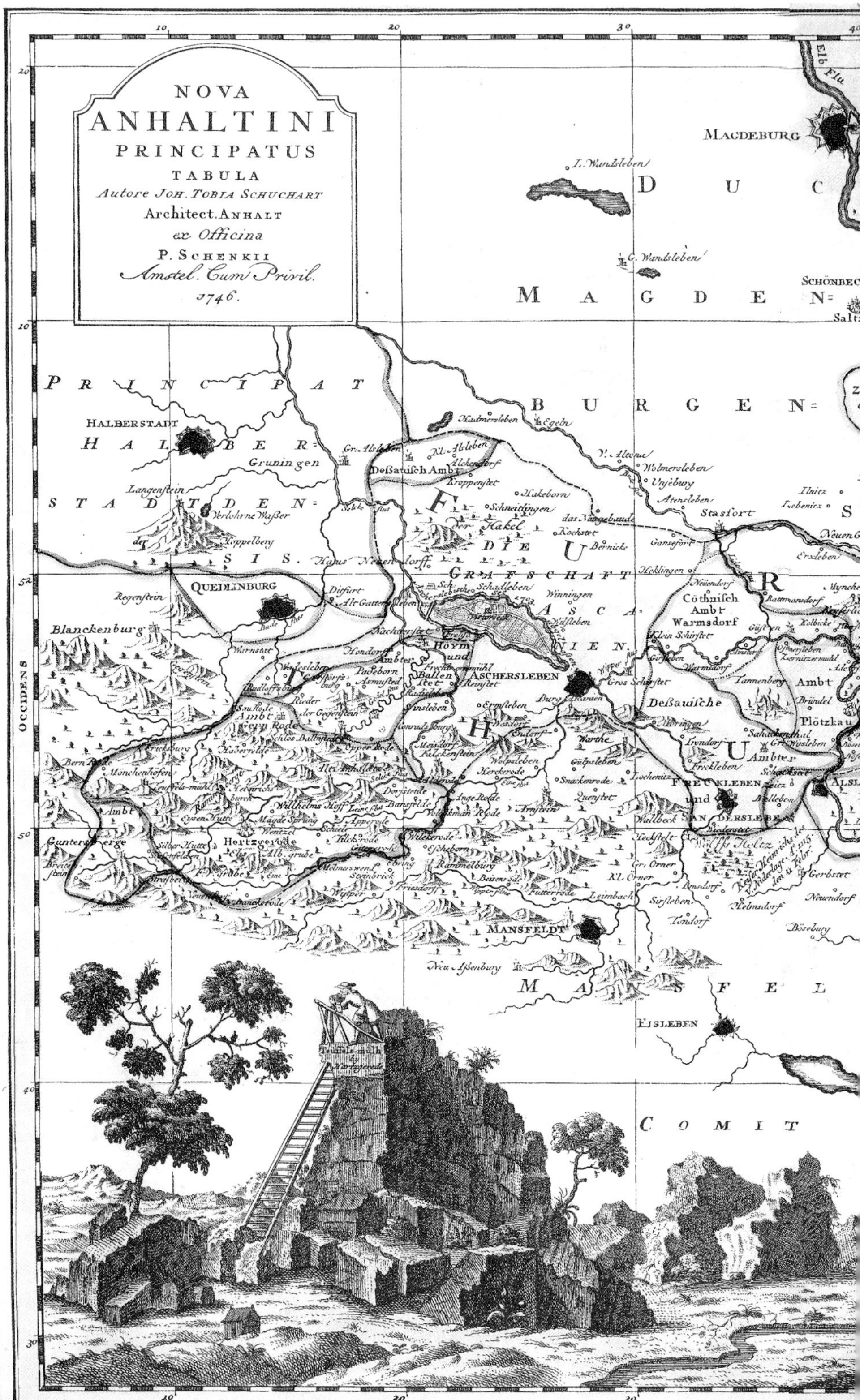

Johann Tobias Schuchard: Nova Anhaltini Principatus Tabula, *1746*

MARCÆ MEDIÆ PARS
Loburg
Belzig
Ambt Lindau
Ambt Zerbst
ZERBST
Roslau
Ambt
Coswick
COSWICK
WITTENBERG
Roslaw
DESSAU
AKEN
BARBY
Ambt
Zerbst
COTHEN
ORANIENBAUM
Goldtewitz
Gödenberg
Ambt
Radegast
RAGUN
JESNITZ
BITTERFELT
S. MERSE
BURGISCH
Petersberg
Wettin
Landlberg
Giebichenstein
HALLE
ANHALT
ELECTORATUS
SAXONIÆ
Gemeine Teutsche Meilen
ORIENS

Johann Christian Haldenwang: Die Muldbrücke und das Schloß zu Dessau, *1799*

mit denselben Schwierigkeiten zu kämpfen wie die meisten der mehr oder weniger an den vergangenen Kriegen beteiligten Staaten. Der wirtschaftliche Verfall und die Zerstörung geordneter Lebens- und Arbeitsverhältnisse gingen einher mit der Auflösung sozialer Verbindlichkeiten und Ordnungsmechanismen. »Es ist wirklich unglaublich«, schrieb Reil, »in welchem Zustand der Verwahrlosung und der Verwilderung sich seine Untertanen am Ende des siebenjährigen Krieges befanden, der alle Bande des geselligen Lebens aufgelöst zu haben schien. Unwissenheit und Rohheit, der unsinnigste Aberglaube und Vorurteile aller Art herrschten überall im Lande, bald mehr, bald weniger unter allen Ständen. – Fluchen und Schwören, Lästern und Toben hörte man auf allen Gassen, selbst in den besseren Gesellschaften. Trunksucht, Unflätereien, Ausbrüche gemeiner tierischer Sinnlichkeit, eine Zügellosigkeit, die keine Grenzen kannte und achtete, gehörten zu den alltäglichen Erscheinungern und taten sich mit einer Frechheit hervor, worüber Fremde edlerer Herkunft erstaunten und erschraken.«[20] Brände durch bloße Fahrlässigkeit oder Brandstiftung, Räubereien und ein wachsendes Heer eigener und durchziehender Bettler gehörten schon während und auch nach dem Krieg zum Alltag.

Neben der dringend notwendigen Wiederbelebung der Wirtschaft, also vor allem der Landwirtschaft, erwiesen sich eine allgemeine Arbeitsbeschaffung, die Regelung des Armen- und Medizinalwesens und die Wiederherstellung der äußeren Sicherheit als vorerst wichtigste Aufgaben.

Bereits während des Krieges waren verschiedene Verordnungen zum Brandschutz erlassen worden, wie etwa die zur Errichtung einer Brandkasse. Als durchaus typisch anzusehen ist, daß der Fürst mit seinen Edikten alles bis in die technischen Einzelheiten hinein regelte, so zum Beispiel in einer »Anweisung zur zweckmäßigen Aufführung von Brandmauern« oder einer Verordnung über die »Weite der zu bauenden Schornsteine«.[21] Auch soziale Verhaltensmaßregeln wie die Verpflichtung zur Hilfe bei Brand wurden gesetzlich festgelegt und durch Strafandrohung durchgesetzt.

Die Bekämpfung der Armut und des Bettelns lief parallel. Ein Armendirektorium verwaltete eine Armenkasse, in die jeder Besserbemittelte einzuzahlen aufgefordert war und aus der Kosten für Nahrung, Kleidung sowie die Verteilung von barem Geld bestritten wurden. Der erste große Bauauftrag für Erdmannsdorff war 1766 bis 1770 der Bau eines Armen-, Kranken-, Zucht- und Arbeitshauses. Anfang der 70er Jahre wurde dann das Betteln durch mehrere Edikte Einheimischen ganz untersagt und für Fremde durch entsprechende Polizeiverordnungen fast unmöglich gemacht. Dem calvinistischen Diktat der Sparsamkeit entsprang das 1788 erlassene Verbot von Fastnachtsaufzügen und die ein Jahr später herausgegebene Verordnung, die unnötige Ausgaben bei Beerdigungen einschränkte.

Letztere korrespondierte mit der Einrichtung des Neuen Begräbnisplatzes in Dessau, in dem sich zugleich Bemühungen um Volkshygiene und Medizinalangelegenheiten widerspiegelten. Im staatlichen Krankenhaus, dem die fürstlichen Leibärzte vorstanden, sollten Arme kostenlos behandelt werden. Bevor aus Anhalt-Dessau schon 1806 eine im Deutschen Reich erst 1874 durchgesetzte allgemeine Kuhpockenimpfung gemeldet wurde, war es üblich, die in die berühmte Bildungsanstalt Philanthropin eintretenden Schüler mit dem nicht ungefährlichen Einimpfen der Blattern gegen die Pocken immun zu machen.

Wirtschaftsförderung in Anhalt-Dessau bestand vor allem im raschen Ankurbeln und der Modernisierung der für Deutschland bald vorbildlichen Landwirtschaft. Als 1770/71 im Fürstentum die Deiche brachen und das Hochwasser über das gesamte Jahr hinweg das Bestellen der betroffenen Flächen unmöglich machte, entdeckte man den Dammbau für die arbeitslose, arme Bevölkerung als sinnvolle Arbeitsbeschaffungsmaßnahme, wie letztlich natürlich der Ausbau des gesamten Landes eine große Konjunkturspritze ganz im merkantilistischen Sinn war. Daß Franz' letzte Worte auf dem Totenbett der Sorge um ausreichend Arbeit galten, beweist den hohen Stellenwert, den er diesem Problem beimaß.

Schon diese wenigen Beispiele machen deutlich, wie sehr gerade der aufgeklärte Fürst in fast alle Lebensbereiche einfach aufgrund seines »höheren« Einsichtsvermögens und mitunter gegen den Willen seiner Untertanen hineinregieren zu müssen glaubte. Die »Gedankenfreiheit« dagegen blieb von gesetzlichen Übergriffen weitgehend verschont. Die Dessauer Toleranzpolitik schützte auch die Andersdenkenden. Die Juden erlangten zwar nicht die völlige rechtliche Gleichstellung, doch war ihre Situation in Anhalt-Dessau um vieles günstiger als anderswo.

Trotz einer für deutsche Verhältnisse vorbildlichen und an den Ideen der Aufklärung orientierten Gesetzgebung blieben die Grundlagen absoluter Macht unangetastet. So war an eine Gesetzesbindung auch des Fürsten, wie sie von den Staatsrechtlern um 1800 vermehrt gefordert wurde, nicht zu denken. In der absolutistischen Staatsverfassung blieb die Person des Herrschers einer der größten Unsicherheitsfaktoren.

Die »Pädagogische Kolonie«

Die von Friedrich Reil in seiner Franz-Biographie an den Anfang gestellte Strophe aus der Feder Friedrich Gottlieb Klopstocks beschreibt, was das aufgeklärte Deutschland in dieser Zeit von einem guten Regenten erwartete: Glückliche machen – eine Forderung, die in der populären Aufklärungsphilosophie eine gewichtige Rolle spielte und die sich besonders mit dem Problem der Erziehung verband. Diese Tatsache brachte dem 18. Jahrhundert den Beinamen des pädagogischen ein. Die aufgeklärten Zeitgenossen waren Lernende und Lehrer zugleich. Im berühmtesten Erziehungsroman der Epoche, Jean-Jacques Rousseaus *Émile* (1762), wurde die These aufgestellt, daß der Mensch von Natur aus gut sei und erst durch die Erziehung verdorben würde, also die Frage nach Sinn oder Unsinn der Bildung generell gestellt. Zwar weniger radikal, doch nicht weniger intensiv, befaßten sich auch die deutschen Aufklärer mit Ideen zu einer grundsätzlichen Reform dieses Bereiches.

»An Aufklärung des Verstandes, an Zerstörung des Aberglaubens und der törichten Vorurteile, an Erweckung des Sinnes für Naturschönheiten und Bildung des Geschmacks an Wissenschaft und Kunst, an äußerer Sitte, Zucht und Ordnung und Reinlichkeit war mir zuerst alles gelegen. Ich glaubte, den äußeren Menschen und seine Verhältnisse und Zustände müsse man erst verändern und bessern, dann werde der innere Mensch wohl von selbst sich regen und veredeln. Ich bin nämlich der Meinung, daß bei diesem kein Zwang angewendet werden kann, auch nicht angewendet werden sollte, wenn man ihn nicht um seine Freiheit bringen und seine wahre Würde verletzen will. Er muß sich selbst zu dem machen, was er sein und werden soll, und dazu muß man ihm behilflich sein.«[22] So formulierte Franz von Anhalt im Rückblick den Kern seiner pädagogischen Bemühungen und Grundsätze, die als Motto über seiner allgemeinen Landesreform hätten stehen können. Auch sie war geprägt von Bildungsabsichten und erzieherischen Aspekten.

Johann Bernhard Basedow, einer der radikalsten, ideenreichsten und charakterlich sicherlich problematischsten Persönlichkeiten der aufge-

Daniel Nikolaus Chodowiecki: J. B. Basedow

klärten Pädagogik Deutschlands, gelang es, Franz für seine hochfliegenden Pläne zu gewinnen. Basedow gehörte der im letzten Drittel des 18. Jahrhunderts besonders bedeutenden philanthropischen Richtung der deutschen, von Rousseau beeinflußten Aufklärungspädagogik an. Ihre Vertreter waren in aller Regel Verfechter einer lebensnahen Bildung im Dienst der allgemeinen Wohlfahrt, die nach den Grundsätzen einer allgemeinchristlichen Universalreligion ausgerichtet war, eine Orientierung, die den praktisch veranlagten Dessauern bei aller Skepsis gegenüber der Person Basedows entgegenkommen mußte.

Nachdem Basedow 1771 in der anhaltischen Residenzstadt eingetroffen, eine längere Werbereise nach Süddeutschland unternommen und eine der wichtigsten Arbeiten der deutschen Pädagogik dieser Zeit, sein *Elementarwerk*, 1774 in vier Bänden in Dessau veröffentlicht hatte, wurde Weihnachten desselben Jahres auch das Philanthropin, eine »Schule der Menschenfreundlichkeit«, als Musteranstalt dieser pädagogischen Richtung eröffnet. Die Einrichtung sah sich von Beginn an scharfer Kritik von orthodoxen und bald von neuhumanistischen Pädagogen ausgesetzt. Darüber hinaus litt ihr Ansehen unter dem Charakter Basedows, der sich einmal sogar im vornehmsten Gasthof Dessaus in eine Schlägerei verwickeln ließ. Dauernde Unstimmigkeiten mit der Lehrerschaft und andere Schwierigkeiten zeigten Basedow deutlich, daß sich seine hochgespannten Erwartungen nicht in wenigen Jahren erfüllen würden. Auch wurde sein pädagogisches Konzept von Franz mit Skepsis betrachtet, der einmal zugespitzt meinte, es komme ihm vor, als wenn Basedow »und einige seiner enthusiastischen Gehilfen erst Rousseausche Vierbeinige herstellen wollten, um daraus aufrecht gehende Menschen zu machen«.[23] Das alles erforderte einen Leitungswechsel. Für kurze Zeit folgten Basedow als Direktoren Joachim Heinrich Campe und Christian Hinrich Wolke, deren Amtszeit aber ebenfalls unter einem wenig glücklichen Stern stand. Erst Carl Gottfried Neuendorf gelang im Rahmen seiner großen Landesschulreform ein Neuanfang, den das ursprüngliche Philanthropin jedoch bald nicht mehr mitvollzog. Es wurde 1793 geschlossen.

Trotz all dieser Unstimmigkeiten bleibt die große Ausstrahlung der Bildungsanstalt beeindruckend. Sie beruhte wohl nicht zuletzt auf den an ihr zeitweise tätigen Lehrerpersönlichkeiten, von denen hier nur Carl Friedrich Bardt, Friedrich Gottlieb Busse und Johann Gotthilf

Salzmann genannt werden sollen. Letzterer begründete 1784 die berühmte Schule in Schnepfenthal als eine von über 60 Tochtereinrichtungen in dieser Zeit. »Wir würden«, schrieb Immanuel Kant 1777 über das Dessauer Philanthropin, »in Kurzem ganz andere Menschen um uns sehen, wenn diejenige Erziehungsmethode allgemein in Schwung käme, die aus der Natur selbst gezogen, nicht von der alten Gewohnheit roher und unerfahrener Zeiten sclavisch nachgeahmt wäre.«[24] Zum Teil unterstützt und vehement begrüßt wurde das Philanthropin auch vom Halberstädter Kreis um Johann Wilhelm Ludwig Gleim, von den Berliner Aufklärern, Gotthold Ephraim Lessing, Johann Kaspar Lavater und vielen anderen.

Was diese neue Schule von der alten unterschied, war vor allem die konsequente Hinwendung zu den Realien des Lebens, eine an der Praxis orientierte Vermittlung des Wissens, die Bejahung sinnlicher Erfahrung und körperlicher Ertüchtigung. So standen neben den theoretischen Unterweisungen anhand Basedows *Elementarwerk* auch von städtischen Meistern erteilter Handwerksunterricht und Gartenarbeit auf dem Lehrplan. Die Schule verfügte über eine Unmenge von Modellen zum praktischen Anschauungsunterricht, ein astronomisches Observatorium und einen halbrunden, der Erde nachgebildeten, begehbaren Hügel im Garten der Anstalt. Jeder Schüler hatte im Schulgarten ein Beet zu bestellen. Gerade hier wird die Parallelität zu den pädagogisch ausgerichteten Parkschöpfungen des Fürsten greifbar. Vielfalt und Erfindungsreichtum der ausgedehnten Übungen zur körperlichen Ertüchtigung fanden ihre Nutzanwendung in sogenannten »Casualtagen«, an denen die Schüler auf gewohnte Bequemlichkeiten zu verzichten und sich auf außergewöhnliche Umstände einzustellen hatten.

Schon der intensive Sportunterricht am Philanthropin hatte Dessau den Ruf einer »Wiege der neueren Turnkunst« eingebracht. Der sportlichen Seite der schulischen Ausbildung widmete sich später besonders der 1786 nach Dessau gekommene Gerhard Ulrich Anton Vieth. Vor allem sein *Versuch einer Enzyklopädie der Leibesübungen*, der in den Jahren 1794 bis 1818 erschien, machte ihn neben Friedrich Ludwig Jahn und Karl Friedrich Friesen zum dritten der sogenannten Turnväter. Vieth lehrte allerdings schon nicht mehr am Philanthropin, sondern an der 1785 durch Neuendorf gegründeten Hauptschule, deren Direktor er nach dessen Tod wurde.

Carl Gottfried Neuendorf hatte 1785 den Auftrag zu einer Schulreform erhalten. Doch war von Franz schon 1779 an seinen »Schulmeistern« vorbei in Wörlitz das nach Halberstadt zweite Schullehrerseminar der Aufklärung eröffnet worden, als folgerichtige Reaktion auf eines der brennendsten Probleme der pädagogischen Reform: das Fehlen gut ausgebildeter Lehrer.

Das Konzept Neuendorfs war allgemeinen Charakters und umfaßte die zur Universitätsreife führende Hauptschule im Dessauer Fürst-Moritz-Palais ebenso wie die Landschulen und die jüdischen Konfessionsschulen. Im Gegensatz zum Philanthropin, wo durch ein beträchtliches Schulgeld die Standesschule trotz gegenteiliger Programmatik de facto fortbestand, war die Hauptschule jedem zugänglich und für finanziell schwächere Schüler unentgeltlich. Als staatliche Anstalten standen die Einrichtungen nicht unter kirchlichem Einfluß. Ihr Sozialprestige wurde durch entsprechende Besoldung der Lehrer erhöht. »Es scheint«, schrieb der ehemalige Philanthropin-Lehrer Ernst Christian Trapp 1788, »als wenn dieses kleine Land unter allen deutschen Staaten das erste sein soll, welches sich einer allgemeinen und gründlichen Schulverbesserung zu erfreuen haben wird.«[25] Wie dem gesamten, nur durch die Autorität des Fürsten so und nicht anders strukturierten Anhalt-Dessau blieb leider auch dem Schulwesen ein nach 1800 allmählicher und nach dem Tod von Franz drastischer Rückschnitt nicht erspart, auch wenn es sich leistungsmäßig immer auf der Höhe der Zeit befand.

»... viel Roggen und besonders Rübsen und eine Menge Obst«[26]

Dem an den teilweise von Obstbäumen begleiteten Alleen entlangwandernden Besucher von Dessau wuchsen die Früchte geradezu in den Mund. Der Vergleich mit dem Garten Gottes kam nicht von ungefähr, zumal es nicht allein dieses im Gegensatz zu den umliegenden Ländern offenbar wie ein Garten bebaute, ertragreiche Land war, das die Besucher faszinierte, sondern immer der Gesamtzusammenhang zwischen dem Nützlichen und dem Schönen, der auch in die scheinbar nur auf Ertrag berechnete Landwirtschaft Eingang fand. Es begann mit den an Dämmen und Straßen gepflanzten Obstbäumen und setzte sich fort über die bereits durch Leopold I. aus Italien eingeführten Pyramidenpappeln, die Robinien sowie die dunklen, sich vom hellen Grün ihrer Umgebung abhebenden Schwarz- und Weymouthskiefern bis zu den zahlreichen im Land angebauten Sonderkulturen wie Tabak, Raps, Flachs, Krapp und nicht zuletzt dem vielgerühmten Klee, der ja nicht nur blühte, sondern auch duftete. »Hier«, schrieb der niederländische Landwirt Heinrich Friedrich de Bruiningk, der selbst in Wörlitz studiert hatte, »stärkte sich mein Auge zum erstenmale wieder an dem fröhlichen Anblick eines fetten Rapsfeldes, dessen weitleuchtender Blütenschmuck alljährlich das ausschließliche, stolze Frühlingsgeprange der Wörlitzer Fluren ist.«[27] Ästhetischer Genuß und seelische Erbauung gingen Hand in Hand, und es läßt sich der Verlust allein auf diesem Terrain ermessen, den Anhalt erlitt, als es im 19. Jahrhundert zu einem Land der Zuckerrüben und Kartoffeln wurde. Doch soll dieser Aspekt hier nur kurz vor der Darstellung des entscheidenden ökonomischen Hintergrundes erwähnt werden.

Anhalt-Dessau war primär Agrarland. Die wenigen gewerblichen Betriebe beschränkten sich meist auf die Verarbeitung der dort anfallenden Rohstoffe. Den ersten, durch die dynastische Verbindung mit den Niederlanden ausgelösten Modernisierungsschub hatte Leopold I. durch Konzentration des Landbesitzes in fürstlicher Hand, umfangreiche Kultivierungsmaßnahmen und straffe Verwaltung in bare Münze umgewandelt. Das jährliche Einkommen des einst schwer verschuldeten Landes betrug am Ende seiner Regierung 231 303 Taler. Einen wesentlichen Anteil an diesem Aufschwung hatte der Dessauer Oberstallmeister Friedrich Balthasar Schönberg von Brenkenhof, den Friedrich II. am Ende des Siebenjährigen Krieges von Anhalt-Dessau zum Wiederaufbau des eigenen Landes »erbat«. Nach umfangreichen Kultivierungsmaßnahmen in Pommern, der Neumark und des Netzedistriktes war Brenkenhofs letztes großes Werk die Anlage des Netzekanales. Zum Glück hatte er nicht nur den Grundstein für eine in dieser Zeit bereits vorbildliche Wirtschaft gelegt, sondern auch jüngere, fähige Kräfte ausgebildet, die nun als Pächter oder Bedienstete zu den Trägern der landwirtschaftlichen Reformen im Fürstentum Anhalt-Dessau wurden.

Die Anregungen dafür stammten von gleichgerichteten deutschen Staaten und aus der Schweiz, wo Jacob Gujer durch seine Musterwirtschaft eine europäische Berühmtheit wurde, die Franz und Erdmannsdorff und natürlich Goethe besuchten. Moderne ökonomische Überlegungen kamen seit der Mitte des 18. Jahrhunderts aus England, woher Franz Kleesamen einführen ließ und wo der spätere Chef des Wörlitzer Mustergutes, Georg Friedrich von Raumer, auf Anweisung des Fürsten einige Monate die dortigen Wirtschaftsmethoden studierte.

Die Abschaffung der Brache und die Einführung der Stallfütterung waren epochale Veränderungen, die den Beginn einer nach heutigem Verständnis modernen, intensivierten Landwirtschaft erst ermöglichten. Anhalt-Dessau gehörte zu den Ländern, in denen diese Neuerungen erstmals in größerem Maßstab praktiziert wurden.

Der Pächter der Domäne im Amt Gröbzig, Johann Gottfried Holzhausen, beseitigte mit der Erlaubnis des Fürsten als erster überkommene gemeinschaftliche und alte grundherrliche Rechte wie Hut und Trift, wodurch viele der Methoden überhaupt erst durchführbar wurden. Sein Engagement für die Stall- und Hordenfütterung sowie den Kleeanbau galt als vorbildlich. Zur Unterbringung des Futtervorrats ließ er 25 Schober mit beweglichem Dach errichten, die jeweils 50 bis 100 Fuder Heu faßten, eine Idee, die Franz im kleinen am Gotischen Haus in Wörlitz ausprobiert hatte. Wie im ganzen Land wurden auch in Gröbzig zahlreiche Sonderkulturen gepflegt. Mit der sehr aufwendigen Anpflanzung von Krapp und dessen Verarbeitung im eigenen Land brach der Fürst ein ausländisches Monopol.

Insbesondere der Zucht der aus Spanien eingeführten und mit heimischen Tieren eingekreuzten Merinoschafe hatte sich Christian Gebhard Nordmann, der Pächter der Domäne Pötnitz, verschrieben. Etwa 4000 Schafe hielt er zu Spitzenzeiten und kassierte einmal für 99 Tiere die Summe von 15 000 Talern. Einer von vier Ställen mit gewölbtem Bohlendach, die er für die Schafe hatte bauen lassen, steht noch heute in Mildensee/Pötnitz. Außerdem erweiterte Nordmann den Bestand durch westfriesische Rinder, züchtete den berühmten Pötnitzer Weizen, verwendete bei der Stallfütterung der Schweine Rückstände aus Brauerei und Brennerei und düngte seine Felder mit Teichschlamm, Asche und Kalk.

Nach ersten Anfängen von Kleeanbau, Viehwirtschaft, Seidenraupenzucht und der Vorführung neuer landwirtschaftlicher Geräte am Gotischen Haus in den Wörlitzer Anlagen fiel die Funktion des staatlichen Mustergutes mit dem Amtsantritt des bereits erwähnten von Raumer an die Domäne in Wörlitz. Sie hatte durch den für Mitteldeutschland mustergültigen Wirtschaftshof auch ein ästhetisches, nach außen wirkendes Statussymbol erhalten. Neben einer intensiven Schaf- und Rinderhaltung, deren Zuchttiere den Bauern zur Veredelung ihres eigenen Viehbestandes zur Verfügung standen, wurden zahlreiche Kulturen angebaut und Ertragsbedingungen wissenschaftlich untersucht. In Wörlitz pflanzte man erstmals in Deutschland in großen Mengen Klee an. Raps, Rübsen, Flachs und der in der eigenen Brauerei verarbeitete Hopfen wurden ebenfalls in umfänglicherem Ausmaß kultiviert.

Mustergültig war die Wörlitzer Domäne auch in sozialer Hinsicht. Da sich die Bauern der Fronarbeit durch Zahlung einer bestimmten Summe an den Grundherrn entziehen konnten, beschäftigte die Domäne etwa 50 Landarbeiterfamilien, deren Mitglieder bei Witwenschaft, Arbeitsunfähigkeit und im Alter sowohl einen Anspruch auf eine kleine Pension als auch lebenslanges Wohnrecht in den gutseigenen Wohnungen erwarben.

Bei der großen Öffentlichkeit, die Anhalt-Dessau im allgemeinen und Wörlitz im besonderen genoß, ist es natürlich, daß die hervorragenden Leistungen der Landwirtschaft Aufmerksamkeit erregten, die Güter von auswärtigen Agrariern besucht wurden und sich zahlreiche Handelsbeziehungen aufbauten. Dessauer Schafe exportierte man bis nach Rußland, Ungarn oder Schweden, Dessauer Weizen wurde hoch gehandelt, und die im Fürstentum gezüchteten Pferde waren weithin begehrt.

Einer der Förderer und Verehrer der »Wörlitzer Ökonomie« war Johann Christian Schubart, der wegen seiner Verdienste um die Einführung des Rotklees in Mitteleuropa vom Kaiser 1784 als »Edler von Kleefeld« in den Adelsstand erhoben wurde.

Die gebildete Gesellschaft

»Die Stadt empfiehlt sich durch die unverdorbene schöne Natur, welche in ihren Gebäuden herrscht, und durch die Geräumigkeit und Reinlichkeit ihrer mehresten Straßen; so daß man eben deshalb freyer zu atmen glaubt, als in anderen Residenz Städten.«[28] Diesem freieren Atmen in der großzügig angelegten, modernen Stadt entsprach nach Aussagen von Reisenden, Gästen und Einheimischen auch das geistige Klima in der gehobenen Gesellschaft Dessaus. Immer wieder wird die Zwanglosigkeit, der freundschaftliche Ton und die allgemeine unprätentiöse Bildung in den Zirkeln der kleinen Residenzstadt betont. Bürger, Künstler, Beamte, Gelehrte und Mitglieder des Hofes öffneten ihre Häuser und ließen die Standesunterschiede im geselligen Verkehr vergessen. Die Bemühungen um Erziehung und Aufklärung begannen Früchte zu tragen, und noch im 19. Jahrhundert galt der Dessauer als besonders gebildet.

Ein besonderes Verdienst an diesem Umstand dürfte außer den Schulen den zahlreichen aufklärerischen Zeitschriften einzuräumen sein, die die ganze Breite der Themen ihrer Bewegung von den Problemen der Volkshygiene bis zur revolutionären Propaganda ausschöpften und praktisch durch keine Zensur behindert waren. 1763 gründete Franz die *Fürstlich Anhalt-Dessauischen Wöchentlichen Öffentlichen Nachrichten*; Anfang der 80er Jahre wuchs die Zahl der Journale auf über 30. Auch *Sulamith*, die erste jüdische Zeitschrift in deutscher Sprache, erschien in Dessau.

Neben dem Philanthropin als Herausgeber zahlreicher pädagogischer Schriften und Lesebücher für die Jugend etablierte sich unter Leitung von Carl Christoph Reiche 1781 die Allgemeine Buchhandlung der Gelehrten und Künstler; das Vertriebsnetz des Verlages spannte sich über ganz Europa. Einem Grundgedanken der aufklärerischen Publizistik folgend, sollte dieser Selbstverlag das Monopol der reichen Buchhändler brechen und den Ertrag der geistigen Arbeit wirklich den Autoren zukommen lassen. Zwei Drittel des Ladenpreises erhielten die Urheber, 25 Prozent der Sortimentsbuchhandel, und nur 8,75 Prozent kamen dem Verleger zur Begleichung seiner Kosten zu; ein Verhältnis, das sich heute absolut zum Nachteil der Autoren umgekehrt hat und das auch im Jahr 1781 wenig Chancen auf wirtschaftliches Überleben versprach. Schon nach vier Jahren gab der völlig überforderte Reiche auf und überließ das Geschäft Georg Joachim Göschen, der aus dem nicht unbedeutenden Vermächtnis das Familienunternehmen schuf, das die erste Gesamtausgabe Goethescher Werke besorgte. Ein ähnliches Schicksal war auch der ebenfalls von Reiche begründeten »Verlagskasse« beschieden, deren Aufgabe die Förderung junger Autoren war, die nicht genug Eigenkapital besaßen, um die Druckkosten vorzuschießen. Trotz der kurzen Existenz beider Unternehmen war die Bilanz beeindruckend, denn in vier Jahren wurden von etwa 200 Autoren 800 Titel verlegt. Die Liste der Herausgeber und Autoren liest sich wie ein kleines Who's who der fortschrittlichen Geister Deutschlands.[29]

Auffällig in der Dessauer Gesellschaft ist, daß trotz der großen Bedeutung des Wortes für die Reformbewegung die zeitgenössische Literatur – abgesehen von den zahlreichen Fachschriftstellern – in der Stadt nur schwer Fuß faßte. Immerhin lebte mit dem heute längst vergessenen Friedrich von Matthisson einer der meistgelesenen Lyriker seiner Zeit wenigstens zeitweilig in Dessau. Seine unter anderem von Ludwig van Beethoven vertonten Gedichte und auch seine Lebenserinnerungen spiegeln die Zeit in sentimental-empfindsamer Manier. Der durch seine von Franz Schubert vertonten Liederzyklen *Die schöne Müllerin* oder *Die Winterreise* heute weit bekanntere Wilhelm Müller veröffentlichte erst 1815 seine ersten Gedichte.

Literatur blieb in der gebildeten Dessauer Gesellschaft vor allem eine Angelegenheit des Lesens, denn diese Stadt von etwa 10 000 Einwohnern besaß eine öffentliche Bibliothek mit 40 000 Bänden, die ebenfalls zugänglichen Spezialbüchereien Erdmannsdorffs und in Wörlitz nicht eingerechnet.

Typischer für die Stadt ohne Literaten waren Persönlichkeiten, die schriftstellerisch tätig waren, daneben aber ihrem Beruf oder Amt oder ihrer Tätigkeit bei Hof nachgingen, wie das bei August von Rode und Georg Heinrich von Berenhorst der Fall war. Beide stellten sie zentrale Figuren im gesellschaftlichen Leben dar und verbanden schon durch ihre Herkunft das Fürstenhaus mit dem Stadtbürgertum.

Als Adjudant Friedrichs II. rettete Berenhorst ihm in der Schlacht bei Torgau das Leben, fiel aber als Zeuge dieser »unheldischen Pose« in

Ungnade, so daß er 1762 aus der preußischen Armee entlassen wurde. Am Dessauer Hof stieg er rasch vom Prinzenerzieher und Kammerherrn zum ranghöchsten Beamten des Fürstentumes auf, verfaßte nebenher kleinere literarische Arbeiten und Rezensionen, wurde Leiter der Hofbühne und Mitbegründer der Hofkapelle. Seine herausragende Bedeutung für die Dessauer Aufklärung erhielt er als Verfasser der *Betrachtungen über die Kriegskunst* (1797–99), in denen er »die alten verhärteten Geschwülste der Kriegs- und Zerstörungsseuche in den Herzen der Großen«[30] bearbeitete und besonders mit der Kriegsführung Friedrichs II. hart ins Gericht ging. Nach den Erfahrungen, die in den Revolutions- und Befreiungskriegen mit den zur absoluten Unterwerfung gedrillten Söldnerheeren gemacht worden waren, forderte er eine »Armee von Staatsbürgern«.[31] Dieses Ansinnen schien um so bemerkenswerter, als er ein leiblicher Sohn des Alten Dessauers war und damit der Großonkel des Fürsten.

Der 1803 geadelte August von Rode wiederum war aus der Verbindung der leiblichen Mutter Berenhorsts und des Amtsrates Johann August Rode hervorgegangen und nahm eine ganz ähnliche Entwicklung wie sein Halbbruder; er wurde Prinzenerzieher, dann Kabinetts- und später Geheimer Rat. Für Kunst und Literatur gewann er Bedeutung durch seine Übersetzungen des Standardwerkes von Marcus Vitruvius Pollio *Über die Baukunst* und der *Metamorphosen* von Lucius Apuleius. Seine Erdmannsdorff-Biographie und die als Quelle unverzichtbaren Beschreibungen des Gartenreiches machten ihn zu einem Kronzeugen der Leistungen des Kulturkreises.

Ein der Verlagsbuchhandlung vergleichbares Projekt auf dem Gebiet primär reproduktiver Druckgraphik war die Chalcographische Gesellschaft zu Dessau, ein von Friedrich Moritz von Brabeck begründeter und von Franz von Anhalt als Hauptaktionär unterstützter Kunstverlag, der nur von 1796 bis 1801 existierte. Die Bedeutung, die der Fürst dem Unternehmen beimaß, wurde sichtbar in der ausgesprochen guten Bezahlung der Stecher und dem durch Franz bestimmten Vorstand, in dem Erdmannsdorff die Verantwortung für die künstlerischen und der Weimarer Verleger Friedrich Justin Bertuch für die geschäftlichen Belange trug. Präsident des Verlages war Franz Johann Georg Graf von Waldersee, Franz' leiblicher Sohn mit seiner Jugendliebe. Waldersee, eine der herausragenden Persönlichkeiten in Dessau, war unter ande-

Christian August Günther: Ansicht des Fürstlichen Hauses zu Wörlitz von der Wasserseite, *um 1794*

Johann Christian Haldenwang: Die Heideburg unweit Dessau auf der Straße nach Leipzig, *1799*

rem ebenfalls literarisch tätig und bekleidete außerdem zeit seines Lebens zahlreiche Ämter bei Hofe. Dennoch führten auch diese drei honorigen Herren das Geschäft in den Konkurs. Im Bestreben, möglichst alle Genres abzudecken, blieben die speziellen Stärken der einzelnen Künstler unberücksichtigt. Zu oft auch fiel die Wahl auf nur mittelmäßige Vorlagen aus den eigenen Sammlungen oder auf Themen, die sich keines allgemeineren Käuferinteresses erfreuten. Wirklich Vorzügliches gelang in Blättern nach Gemälden Claude Lorrains sowie überhaupt nach Landschaftsdarstellungen niederländischer und zeitgenössischer deutscher Meister, so zum Beispiel Werken von Jacob Philipp Hackert. Ein besonders wichtiges Zeugnis für die Art und Weise, wie die Schöpfer des Gartenreiches ihr Wirken sahen, sind die zahlreichen Drucke, die vor allem nach Zeichnungen von Heinrich Theodor Wehle und Johann Carl Kuntz hergestellt wurden.

Wenn Erdmannsdorff hier auch eine weniger glückliche Hand als in seiner Arbeit als Architekt bewies, galt er doch nicht nur in Dessau als eine Autorität auf künstlerischem Gebiet. Sein Haus in der Stadt war eine Art Akademie, eine Handwerksschule, wo jeder Bücher, Modelle, Muster, Vorschriften, Werke großer Meister vorfand, die in Deutschland noch nicht dagewesen und ausgelegt worden waren. Von Anfang an sorgte er sich um die Ausbildung vor allem heimischer Handwerker und Künstler. Er gründete, den Traum einer richtigen Akademie vor Augen, parallel zur Chalcographischen Gesellschaft eine Landeszeichenschule. Als Direktoren waren ein Schüler von Daniel Nikolaus Chodowiecki, Carl Wilhelm Kolbe, und der nach Anton Graff bedeutendste deutsche Porträtist, Johann Friedrich August Tischbein, im Gespräch. Doch wurde mit dem Tod Erdmannsdorffs die Schule geschlossen, und der Traum von einer Akademie war zu Ende. Während sich Tischbein nach fünf fruchtbaren Dessauer Jahren schon 1800 als Direktor der Zeichenakademie nach Leipzig berufen ließ, blieb Kolbe als Lehrer an der Hauptschule in Dessau, wo die Malerbrüder Friedrich und Heinrich Olivier, Franz Krüger sowie Johann Wilhelm Walkhoff zu seinen Schülern gehörten. Hielten sich Carlo Ignazio Pozzi, der direkte Nachfolger Erdmannsdorffs, als Direktor des Bauamtes, und der Bildhauer Friedemann Hunold, der sowohl Schüler Erdmannsdorffs als auch Johann Gottfried Schadows war, wegen ihrer Arbeit noch häufig in Dessau auf, ging die nächste Generation schon andere Wege.

Nicht zuletzt war Dessau eine Stadt der Musik und des Theaters, »eine ganz musikalische Stadt«, wie Friedrich Reil schrieb. »Kunstfertige Klavierspieler, Sänger und Sängerinnen, die auch ohne Scheu öffentlich auftreten durften, gingen aus allen Ständen der Gesellschaft hervor, und so wie alle Fenster dort mit Blumen prangten, welche das Auge erfreuten, so drangen fast aus jedem Haus liebliche menschliche Stimmen und den verschiedensten Instrumenten abgelockte Töne, welche das Ohr ergötzten.«[32] Um 1800 wurde Dessau zur »Pflegestätte Mozarts«, im 19. Jahrhundert zum »norddeutschen Bayreuth«, dem Richard Wagner höchstpersönlich seine Reverenz erwies. Den Grundstein für diesen Aufstieg legte Friedrich Wilhelm Rust, der seit 1766 als Chor- und Orchesterleiter und vor allem als Musikpädagoge Hervorragendes leistete. Zu den gesellschaftlichen Höhepunkten, wie etwa der Einweihung des Wörlitzer Landhauses oder des Luisiums, lieferte er Festmusiken und vertonte als erster Gedichte des ihn verehrenden Goethe.

War Dessau im Bereich des Musiktheaters der Weimarer Konkurrenz weit voraus, konnte man im Schauspiel zumindest partiell deren Niveau erreichen. Lange Zeit hat ein freilich überdurchschnittliches Liebhabertheater die Bevölkerung mit Aufführungen erfreut. Nach dessen Auflösung konnte man jahrelang lediglich die Bühnenauftritte von Wandertruppen erleben. 1794 entschloß sich Franz deshalb zur Gründung eines Hoftheaters mit einem festen Ensemble aus der Schauspieltruppe Friedrich Wilhelm Bossanns. Entgegen üblicher Praxis wurden die Schauspieler als völlig gleichberechtigte Bürger mit festem Wohnsitz und doppelt so hoher Gage wie in Weimar in das gesellschaftliche Leben der Stadt integriert. Im 1798 eingeweihten neuen Theaterbau Erdmannsdorffs saß der Fürst unter seinen Bürgern, wenn sich der Vorhang öffnete und das Schauspiel seinen Lauf nahm. Programmatisch war auf dem Vorhang zu lesen: »Mögen wir spielend belehren und durch Unterricht nützlich werden.«

Das Gartenreich

»Sobald man das Dessauer Ländchen betritt«, schrieb Andreas Georg Friedrich von Rebmann in seinen 1795 erschienenen *Wanderungen und Kreuzzügen*, »glaubt man in einen Garten zu kommen. Die Natur hat sehr wenig getan, aber die Kunst desto geschmackvoller nachgeholfen. Gute Wege, Dämme, mit Obstbäumen besetzt, Gebäude, welche in schönen Formen aufgeführt sind, fröhliche Landleute – das alles trägt dazu bei, einen guten Begriff von der Regierung des Landes zu erwecken ...«[33] Diese neben den zahlreichen enthusiastischen Äußerungen eher nüchterne Beschreibung des jakobinisch eingestellten Aufklärers trifft wohl am ehesten den tatsächlichen Eindruck, den die Zeitgenossen beim Besuch Anhalt-Dessaus erhielten. Der Vernunfttheologe Andreas R. Riem nannte das Ländchen einen »Garten Gottes« und die Umgebung Dessaus »ein Paradies«.[34]

Die Bezeichnung »Gartenreich« für Anhalt-Dessau war unter den Zeitgenossen gebräuchlich und entsprach auch den Ambitionen des Fürsten Franz von Anhalt.

Mit seinen ökonomischen und sozialen Maßnahmen der Landesverschönerung erhielt der programmatische Grundsatz, zuerst »den äußeren Menschen und seine Verhältnisse und Zustände« zu verbessern, hier seinen sichtbarsten und in Teilen noch heute sinnlich nachvollziehbaren Ausdruck. Im Dessau-Wörlitzer Gartenreich verbanden sich wirtschaftliche Momente, merkantilistische und soziale Arbeitsbeschaffungsmaßnahmen und Pädagogik mit ästhetischer Erziehung, die nie Selbstzweck war. Das schön gebaute Land sollte in seiner wohlproportionierten Verbindung des Nützlichen mit dem Schönen auf das allgemeine Befinden seiner Landeskinder zurückstrahlen und zu ihrer harmonischen Entwicklung beitragen, die sie zu Mitgliedern eines ebenso harmonisch geordneten, stabilen Staatswesens machen konnte. Daß diese Landesverschönerung einen zusätzlichen ökonomischen Effekt durch einen bald einsetzenden Besucherstrom hatte und bedeutende geistige Kräfte in Anhalt-Dessau konzentrierte, war wohl anfangs nicht geplant, wurde aber bald ganz bewußt ins Kalkül gezogen.

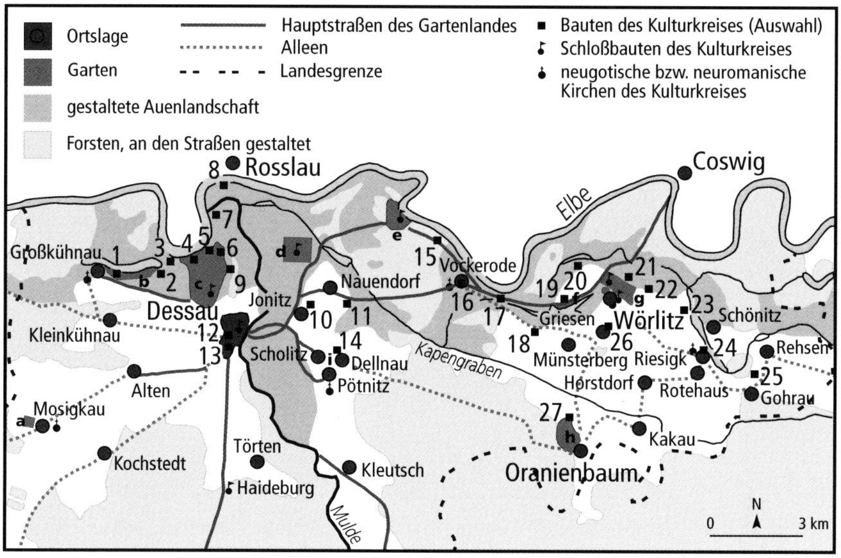

Das historische Gartenreich mit einer Auswahl seiner wichtigsten Anlagen und Objekte

a Park Mosigkau
b Park Großkühnau
c Georgium
d Luisium
e Sieglitzer Berg
f Bertingpark
g Wörlitzer Anlagen
h Park Oranienbaum
i Mildensee

1 Weinbergschlößchen
2 Obelisk
3 Hugos Sitz
4 Elbpavillon
5 Wallwitzburg
6 Berenhorsts Sitz
7 Elbhaus
8 Elbzollhaus
9 Pyramide am Gänsewall
10 Mausoleum
11 Schwedenhaus
12 Eugens-Pyramide
13 Neuer Begräbnisplatz
14 Turm der acht Winde
15 Dianentempel
16 Neugotischer Gasthof
17 Rauhes Wallwachhaus
18 Drehberg
19 Wallwachhaus Berting
20 Wallwachhaus Mittelhölzer
21 Wachhaus zum Pferde
22 Rotes Wallwachhaus
23 Wallwachhaus Limesturm
24 Kommunalbau Riesigk
25 Wallwachhaus Rehsen
26 Schule Griesen
27 Pagode

Berühmt waren Dessaus Straßen. Immer wieder werden sie von den Reisenden lobend erwähnt. »Die Chaussee [...] war unverbesserlich, und damit sie sich nirgends verschlimmern konnte, ließen sich wenige hundert Schritte auseinander Arbeiter mit eisernen Schaufeln sehen, welche jede kleine Vertiefung ausbesserten.«[35] Diese Fernstraßen oder Gartenlandstraßen, von denen sich über 20 nachweisen lassen, waren oft mehrreihige Alleen mit sogenannten Unterwegen und Sitzen für Fußgänger. Die äußere Baumreihe bildeten Obstbäume. Jeweils im Abstand von etwa fünf Kilometern traf der Reisende auf Raststätten.

Die Eingangssituationen ins Land wurden ganz gezielt gestaltet und zumindest aus drei Richtungen schon von weitem durch neugotische Türme markiert.

Vom Süden her traf der Reisende zunächst auf das leider nicht erhaltene Finkenhaus. Von dort aus fiel der Blick schon von weitem auf die breite, dreiteilige Fassade des in eine Straßenbiegung plazierten Gasthauses Heidekrug, nach dem man auf einer geraden Allee mit nur einer Biegung die neugotische Haideburg erreichte. Ihr Turm bildete die Sichtverbindung zum Dessauer Neumarkt. Die von Türmen flankierte, als Ruine aufgemauerte Schauseite des 1782/83 von Erdmannsdorff erbauten Jagdschlosses zitiert das Königsberger Schloß und erinnert in der Mittelpartie an englische Vorbilder. Auch die Idee, »ein bewohnbares Haus in eine Ruine zu bauen«, stammte aus England. Die Haideburg, die einen Ausschank besaß, hat bedauerlicherweise über die Jahre einige den Gesamteindruck störende Eingriffe, etwa Fenstereinbrüche, erlebt.

Für die von Westen Kommenden war Mosigkau der erste größere
Farbtafel 6 Ort. Während die Substanz der im Rokoko entstandenen Schloßanlage mit Garten architektonisch kaum verändert wurde, setzte man der mittelalterlichen Kirche schon 1780 gotische Doppeltürme nach englischem Muster auf.

Den von Norden aus Anhalt-Zerbst über die Elbbrücke Einreisenden begrüßte das 1788/89 erbaute Elbzollhaus, das zugleich Raststätte war. Seine Dreigliedrigkeit hat es mit anderen ländlichen Kommunalbauten Erdmannsdorffs gemeinsam, so der Dorfschule in Griesen. Der durch kräftige Pilaster strukturierte und durch den Segmentbogen über dem Eingang hervorgehobene Mittelbau weist jedoch auf seine repräsentative Funktion hin. 1813 ließ Franz diese noch durch einen von Carlo Ignazio Pozzi entworfenen klassizistischen Turm aufwerten.

Jagdschloß Haideburg

Vom Osten führte eine Allee über Rehsen, Gohrau und Riesigk ins Land herein. Am parallel zur Straße verlaufenden historischen Damm liegt hinter Rehsen mit seinem schlichten, klassizistischen Amtshaus ein erstes der für Anhalt-Dessau typischen Wallwachhäuser. Neben ihrem eigentlichen Zweck als Wachhäuser für den Hochwasserschutz

Riesigk: Kirche

und als Gerätehäuser waren sie zum Teil auch Wohngebäude und zeitweilige Quartiere für die Pächter der an den Wällen häufig anzutreffenden Obstpflanzungen. Darüber hinaus dienten sie als Orientierungspunkte, belebten die Landschaft und verbanden durch ihre an unterschiedliche Stile angelehnte architektonische Gestaltung Schönheit mit Belehrung.

Die neugotische Kirche von Riesigk, deren Turm weit zu sehen ist, gehört streng betrachtet schon zu den Wörlitzer Anlagen. Gemeinsam mit dem breiten, Schule, Bäckerei und Wachhaus einschließenden, 1799 durch Erdmannsdorff realisierten Kommunalbau prägte sie die geschönte Dorffassade. Da das Ensemble jedoch vor dem Westeingang des Dorfes errichtet wurde, war es nicht als Begrüßungs-, sondern als ein Erinnerungszeichen für aus Wörlitz Abreisende gedacht. Dasselbe Prinzip war schon elf Jahre früher beim Schulneubau in Griesen angewandt worden, wobei freilich auf die Funktionalität des Schulgebäudes und die praktischen Bedürfnisse des Dorfes selbst keine Rücksicht genommen wurde.

Auch die Riesigker Kirche war nicht zuerst dörfliche Pfarrkirche, sondern eine Grabkapelle, die man für den Gemeindegottesdienst zusätzlich einrichtete. Franz ließ sie für seine 1799 verstorbene Schwester bauen, ein Akt, mit dem er eigentlich von seinen sonstigen Prinzipien abrückte, hatte er doch Jahre zuvor die Grüfte in der Schloßkirche demonstrativ zumauern lassen und jede Beerdigung innerhalb der Stadt untersagt. In dem ungotischen, durch seine ungefaßten, hölzernen Einbauten eine nüchterne Wärme ausstrahlenden Raum findet sich das von Friedemann Hunold nach gotischem Vorbild geschaffene Grabmal mit der Liegefigur der Toten unter dem Altartisch. Der ergreifende Spruch, der den Sockel ziert, mag diese Anlage erklären: »Agnesens Gebein, nicht der Heiligen – Aber – Der Erz-Guten, Ruhet hier – Sie war meine Schwester. Frantz.« Ungewöhnlich auch die den ganzen Kirchenraum auf gemalten Wandtafeln umziehenden Sprüche, teilweise Bibelzitate, teilweise Losungen aufklärerischen Inhaltes. Nach dem Abriß des (später zu behandelnden) Drehberges kamen 1832 noch die Grabtafeln für zwei früh verstorbene Schwestern des Fürsten in die Riesigker Kirche.

Die natürliche östliche Grenze der Wörlitzer Anlagen bildet der langgestreckte Schönitzer See. Im Westen wird er vom historischen Elbwall flankiert, der sich im Norden entlang der Wörlitzer Anlagen über Vockerode bis zum Sieglitzer Berg erstreckt. Bei Schönitz steht auf ihm eines der interessantesten Wachhäuser. Der Limesturm (Taubenhaus) stellte mit einem breiten, vor dem Wall gezogenen Graben und einem Palisadenzaun eine römische Grenzbefestigung dar.

Nördlich des Limesturmes ließ Franz 1795 die Neun Hügel anlegen. Die etwa acht Meter hohen Erdkegel schützen den Wall vor Treibeis. Ursprünglich nur mit Rasen und immergrünen Gehölzen bepflanzt, sind sie heute dicht mit Bäumen überwachsen. Eine vergleichbare Anlage befindet sich auch am See von Großkühnau, wo am nördlichen Ufer die sogenannten Zehn Inseln und am Südufer drei ganz ähnliche Hügel aufgeschüttet wurden. Über ihren Sinn wurde lange – ohne Ergebnis – gerätselt.[36] Die Inschrift am Proteusstein auf dem nördlichsten der Schönitzer Hügel jedoch beschreibt Entstehung und Zweck der Anlage: »höret nachkommen eine euch warnende stimme vorsichtiger fleiß schuf diese hügel und dieses gebüsch um die feldbewahrenden dämme vor dem zerstörenden eise zu schützen. wendet alles an sie zu erhalten.«

Der Proteusstein stand unter anderem in direkter Sichtbeziehung
Farbtafel 15 zum Roten Wallwachhaus an der nordöstlichen Ecke der Wörlitzer Anlagen. Von dort verläuft die Kette der Wallwachhäuser am Elbwall bis zum Sieglitzer Berg. Auf das bereits 1772, unmittelbar nach den Hochwassern der Jahre 1770/71 entstandene Rote Wachhaus folgt – noch in den Anlagen – das schon 1769, also vor der Wallerhöhung, errichtete Wachhaus zum Pferde, ein Fachwerkbau mit einer zweigeschossigen klassizistischen Sandsteinfassade in der Form eines antiken Grabmales. Als nächstes erreicht man in Richtung Westen das Wachhaus Mittelhölzer, 1775 nach Entwürfen Erdmannsdorffs realisiert, ein Gebäude, in dem auch Obstpächter wohnten und in dem es noch heute einige sehenswerte Räume gibt. Das 1799 bis 1800 errichtete Berting-Wachhaus, gleichfalls ein Erdmannsdorff-Bau, fällt ebenso in diese Kategorie. Ursprünglich von einem Weinberg umgeben, war es zugleich Hauptgebäude des sich hier am Krägen entlangziehenden Berting-Parkes. Kurz vor Vockerode finden sich das gotisierende Rauhe Wachhaus von 1775 und zwischen Vockerode und Sieglitzer Berg das um 1772 entstandene klassizistische Wachhaus Dianentempel.

Zwischen Vockerode und Berting-Park heißt der Elbwall Fliederwall. Er trug einst einen der schönsten Teile der Hauptstraße des Gartenreiches, die von Dessau über Waldersee und Vockerode nach Wörlitz führte. »[…] fast eine ganze Stunde« fuhr man »in stäter Abwechslung bald zwischen eng zusammenschließenden Hecken, die im Frühling durch ihren Blütenschnee, in der jetzigen Jahreszeit durch die roten,

Wörlitz, Weidenheger: Wachhaus zum Pferde

vollen Träubchen ihrer Beeren belustigten, bald an eingehegten oder mit Wasenmauern festungsartig umschlossenen Baumpflanzungen, bald über einem ganz freien, auf beiden Seiten weite Aussichten gewährenden Dammrücken« dahin. Jede Abdachung des Dammes war

»aufs sorgfältigste mit zwei-, dreifachen Reihen von Obstbäumen bepflanzt, die zu verschiedenen Zeiten blühen und reifen und dadurch eine neue Mannigfaltigkeit aus Pomonas Füllhorn über diese Gegend streuen«. Am Berting-Wallwachhaus verließ die Straße den Damm und mündete »in eine freundliche Pappelallee, die hier und da mit beblümten Halbkreisen und Sitzen ausgeschnitten« war.[37]

Farbtafel 7 Während der Reisende am Ende der Allee die Rousseau-Insel als Entree der Wörlitzer Anlagen erblickte, war rechts der damals mit Zypressen und Pappeln bepflanzte Drehberg zu sehen. Die schwache, an der Straße zwischen Griesen und Vockerode liegende, vor Hochwasser geschützte Bodenerhebung, die schon in prähistorischer Zeit als Kultstätte gedient haben mag, wurde 1773 von Franz zu einer kreisförmigen Anlage mit etwa 130 Metern Durchmesser umgestaltet. Im Zentrum des durch eine Laufbahn, Sitzterrassen und Tanzflächen gegliederten Terrains entstand ein von Erdmannsdorff nach antiken, womöglich über England vermittelten Vorbildern entworfener Grabbau, der später die Grabstätte der fürstlichen Familie werden sollte. Die aufklärerischen Einflüsse, die über ein Jahrzehnt später zur Realisierung des Neuen Begräbnisplatzes führten, brachten Franz von diesem Vorhaben ab. Nach vorolympischen Gebräuchen, deren Kenntnis in Dessau auf Winckelmann zurückgegangen sein könnten, sollten auch hier die sportlichen Wettkämpfe und Festgebräuche zu Ehren der Toten stattfinden. »Mein Geburtstag«, schrieb die Fürstin Luise am 27. September 1779 in ihr Tagebuch, »war auf dem Drehberg gefeiert. Das Grabmal und die Pflanzungen auch oben die Kuppel waren schon vollendet. Es war Pferderennen und Mädchen liefen um den Preis. Wir speisten zu Mittag im runden Saale über dem Grabmal.«[38] Dieser Saal war nach antikem Vorbild – um den Göttern und den Verstorbenen eine Trankspende zu reichen – in der Mitte durch ein Loch mit der darunter liegenden Gruft verbunden. Die »Lust auf dem Drehberg«, von Goethe und vielen anderen Prominenten besucht, fand regelmäßig bis 1799 am 24. September statt, der zugleich Geburtstag der Fürstin und Termin für das alljährliche Erntedankfest war. Sportliche Wettkämpfe, etwa das auf der Allee nach Wörlitz ausgetragene Pferderennen, wurden ebenso organisiert wie volkstümliche Wettspiele, so zum Beispiel das Hutrennen. Zudem war die »Lust« ein Fest, auf dem auch die wirtschaftliche Grundlage für künftige Ehen gelegt werden sollte. Heirats-

Frederic Bert de Bar: Drehenberg bey Werlitz im Deßauischen ..., *1786*

fähige Landmädchen erhielten eine finanzielle Aussteuer, auf die bis zur Heirat sieben Prozent Zinsen gezahlt wurden. Brautpaare bekamen zur Existenzgründung gar 150 Taler. Der Pädagoge und Turnvater Johann Christoph Friedrich Guts Muths, der in den Drehbergspielen das alte Olympia aufleben sah und die Idee eines Nationalfestes erkannte, begriff den Sinn der Veranstaltung, wenn er den absoluten Herrschern der Zeit zurief: »[...] welch ein schönes Mittel, ein ganzes Volk zu leiten und seine Liebe zu erwerben, wie wichtig und empfehlenswert in den Zeiten der Revolutionen!«[39]

1826 ist das niemals genutzte Grabmal abgerissen worden und hat innerhalb des Projektes »Industrielles Gartenreich« durch die seit 1989 alljährlich stattfindenden Feste mit Theater- und Kunstaktionen einen neuen Sinn in der Landschaft erhalten.

Als fürstliche Grabstätte soll auch der 1812 von Pozzi fertiggestellte Turm der acht Winde oder Napoleonturm auf einem künstlichen Hügel am langgestreckten Scholitzer See im heutigen Mildensee/Pötnitz im Gespräch gewesen sein. Glaubhafter scheint jedoch die von Reil übermittelte Vermutung, daß der Turm für eine Ehrung Napoleons bestimmt war, obwohl Franz selbst sich über den Zweck des Gebäudes nie ausgesprochen hat und das Ansehen Napoleons beim Fürsten schließ-

Mildensee-Pötnitz: Kirche

lich rascher sank, als der Turm realisiert wurde. Formal ist der oktogonale Bau mit seinem Belvedere eine freie Nachbildung des Horologiums in Athen.

Als Pendant zum antikisierenden Turm wurde die romanische Konventskirche in reduzierter Form gotisierend restauriert und mit einem neugotischen Vierungsturm versehen. Neugotische Formen weist auch das um 1800 errichtete Gebäude der Landjägerei im Ort auf. Es besitzt ein Bohlendach – wie die ehemals vier Schafställe in Fachwerkkonstruktion, von denen nur noch einer am nahen Bauernweg erhalten ist. Die Ställe gehörten zur Domäne Pötnitz, auf der Christian Gebhard Nordmann als Pächter und einer der fortschrittlichsten Landwirte seiner Zeit wirtschaftete.

Immer wieder ist dieses enge Ineinandergreifen ökonomischer, landesgestalterischer und kultureller Bemühungen spürbar, besonders im Ostpark zwischen Dessau und Schönitzer See. In der Muldeniederung zwischen den 1933 zu Mildensee zusammengelegten Orten Pötnitz, Scholitz und Dellnau sowie der Residenz verband der in einen vorderen und hinteren Teil getrennte Tiergarten die Siedlungen. Die von Franz seit 1768 begonnenen Anlagen im Vorderen Tiergarten – 1937 durch den Bau des Autobahnzubringers zerstört – bildeten sozusagen das Entree zur Stadt. Dazu gehörten die Erdmannsdorffschen Kleinarchitekturen am Diepold genannten See, die Muldpromenade und der Promenadenwall – die beiden letztgenannten gelten als die ersten, von einer Kommune angelegten Parkanlagen in Deutschland.

Über den zur Jonitzer Mühle führenden Damm setzte auch der Weg nach Wörlitz an, der »mit so weiser Benutzung seiner Umgebungen angelegt« war, daß sich der Reisende wie »in einem aneinanderhängenden Park«[40] fühlte. Hinter der Jonitzer Mühle zweigte die Allee zum Luisium ab. Nach Naundorf folgte auf der rechten Seite das Schwedenhaus, nach einem Relief mit dem Schwedenkönig zu Pferd von Friedrich Wilhelm Eugen Doell auch »Gustav Adolf« genannt. Es fiel 1981 einem Brandanschlag zum Opfer. Auf sehr originelle Weise verschmolz diese von 1784 bis 1786 erbaute Raststätte gotisches und klassizistisches Formengut. Witzig wirkte die Nutzung der runden Scheinerker als Schornsteine. Nach dem Schwedenhaus erreichte man die Holzbrücke Löbben und genoß den Blick auf die von Eichengruppen bestandenen Wiesen am Gatzer Berg, über die der Weg zum Sieglitzer Berg hinaufführt. Dann vereinigte sich bis Vockerode die Fahrbahn mit dem Vasenwall. Auch am Ortseingang von Vockerode erwartete den Reisenden ein neugotisches Gasthaus mit einem schon weithin sichtbaren, verglasten Dachreiter.

Die 1811/12 erbaute Kirche von Vockerode gilt allgemein als der neben Wörlitz bedeutendste neugotische Kirchenbau im Gartenreich.

Johann Christian Haldenwang: Gustav Adolf *(Schwedenhaus)* unweit Dessau auf dem Wege nach Woerlitz, *1799*

Ihre schlanke Doppelturmfront markierte die halbe Wegstrecke zwischen Dessau und Wörlitz. Der edel proportionierte, einschiffige Innenraum wird von großen, unbemalten Fenstern erhellt und besitzt in der das Kirchenschiff umziehenden hölzernen Galerie und den übrigen Stücken die schlichte Erstausstattung, die womöglich, wie vielleicht das Bauwerk selbst, Carlo Ignazio Pozzi zuzuschreiben ist. Pozzi übernahm nach Erdmannsdorffs Tod mehr und mehr dessen Platz und arbeitete unter anderem an der Neuausstattung der Nicolaikirche Zerbst, am Innenausbau der Stadtkirche in Wittenberg und beim Neubau der Stadtkirche in Raguhn mit.

Wie der Ostpark, so war auch der kleinere Westpark durch Alleen oder Gartenlandstraßen mit der Dessauer Residenz verbunden. Die stärkste Gestaltung erfuhr er im nördlichen Teil, der von der Muldeaue aus über die Gärten des Georgiums, den Beckerbruch, Streitwerder, die Große Kienheide und die Feldmark von Ziebigk in die Anlagen des Parkes von Großkühnau überging. Diese Partie war von der Auenlandschaft des Luisiums nur durch den Fluß selbst getrennt und verband sich mit diesem optisch durch die Pyramide auf dem Gänsewall.

Die engere Anbindung von Schloß und Park Mosigkau an die Dessauer Residenz scheiterte wohl zuerst an der etwas abseitigen Lage, den Besitzverhältnissen und schließlich der Einrichtung eines Fräuleinstiftes. Zudem war der intensive Ausbau des Ostparkes natürlich vor allem durch die Entscheidung für Wörlitz begründet.

»Je einförmiger und sandigter die Gegend, je armseliger die Dörfer und je schlechter die Wirtshäuser sind, wenn man von Berlin oder Leipzig aus das Anhaltische betritt, desto reizender erscheint uns solches [...] mächtige Wälder, fette Wiesen, fruchtbare Getraidefelder, Heerden von zahmem und wildem Vieh, große Alleen und Dämme, Obstbäume, freundliche Städte und Dörfer und Nachtigallen empfangen uns: Und nun erst die Anlagen eigentlicher Kunst!«[41]

Es lag nahe, dieses Land als einen einzigen Garten zu empfinden, in dem das Schöne mit dem Nützlichen so eindrucksvoll verbunden war. Die Konsequenz, mit der hier fast ein ganzes, wenn auch winziges Fürstentum durchgestaltet und die einzelnen Teile in sinnvolle Beziehung zueinander und zu den hier lebenden Menschen gebracht worden waren, hatte das englische Vorbild, die Leasowes in Worchestershire, am Ende weit hinter sich gelassen.

Reißbrett und Magie – Oranienbaum

Mitten auf dem quadratischen Marktplatz des von Cornelis Ryckwaert auf dem Reißbrett entworfenen Städtchens entwächst einer barocken *Farbtafel 3* Sandsteinvase das Wahrzeichen des Ortes, ein schmiedeeisernes Orangenbäumchen mit goldenen Früchten. Zwei weibliche Genien, die prallen, lebensvollen Leiber nach außen gewandt, scheinen es gleichsam als seine vitalen »Gärtnerinnen« hervorzubringen und zu schützen.

Der Orangenbaum, Mitte des 16. Jahrhunderts aus China über Portugal nach Europa gekommen, galt bis Anfang des 19. Jahrhunderts vor dem Hintergrund des antiken Hesperidenmythos als Baum des Lebens. Der Glanz der goldenen Früchte erhöhte den Garten zum Zeichen für ein von Harmonie und Dauer geprägtes Dasein. Auch der Schloßpark Oranienbaum soll von Anfang an Orangenbäumchen beherbergt haben. Vielleicht war der als Sommerspeisesaal identifizierte und mit bemalten Delfter Kacheln ausgekleidete Raum im Parterre des Schlosses der anfängliche Überwinterungsort für die empfindlichen immergrünen Pflanzen, die in der warmen Jahreszeit im schmalen Ziergarten am nördlichen Wirtschaftstrakt die Rasenflächen umschlossen. Dem künstlichen Orangenbäumchen in der Mitte der Stadt steht im *Farbtafel 2* Zentrum des barocken Schloßparkes ein Delphinbrunnen gegenüber. Der Delphin galt in der Antike als Sinnbild der Menschenfreundlichkeit.

So erweist sich Oranienbaum schon auf den ersten Blick mit dem eigentlichen Dessau-Wörlitzer Kulturkreis verbunden, und dies nicht nur, weil Franz hier in den 90er Jahren des 18. Jahrhunderts den wohl ersten chinois-englischen Garten Deutschlands anlegen ließ und in dem als Archiv genutzten Schloß die wichtigsten Aktenbestände über die anhaltische Historie und die Geschichte des Gartenreiches lagern. Es scheint so, als würden mit Oranienbaum und der Geschichte seiner Entstehung die ersten Takte jenes vielteiligen Musikstückes angespielt, das unter der Regierung von Franz seine furiose und doch so feinsinnige Klangkraft entfalten sollte.

Wie so oft in dynastischer Zeit begann alles mit einer Heirat. Im Jahr 1659 vermählte sich Johann Georg II. von Anhalt-Dessau mit der Toch-

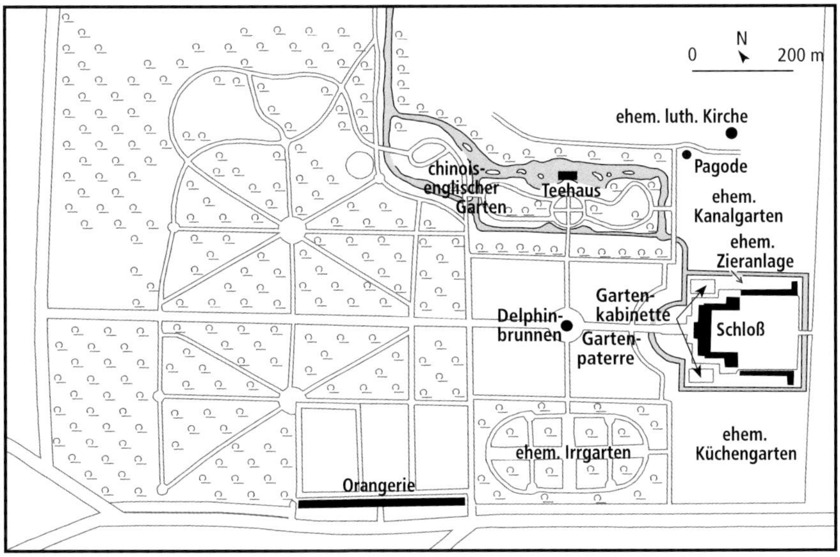

Schloß und Schloßpark Oranienbaum

ter des Erbstatthalters der Niederlande, Henriette Katharina von Nassau-Oranien. Das im Vergleich zu den übrigen anhaltischen Ländern eher zurückgebliebene Anhalt-Dessau kam mit dieser Verbindung nicht nur in Kontakt zum »Goldenen Zeitalter« der Niederlande, sondern verschwägerte sich auch mit dem zukünftigen englischen Herrschaftshaus, dessen König 1689 Wilhelm von Oranien wurde. Zugleich nahm die enge Bindung Dessaus an Brandenburg-Preußen ihren Anfang, denn eine Schwester Katharinas war die Gattin des brandenburgischen Kurfürsten Friedrich Wilhelm.

Die Republik der Vereinigten Niederlande errang nach dem Ende des Dreißigjährigen Krieges ein bis dahin unerreichtes Maß an politischer und religiöser Freiheit, wirtschaftlicher Macht und allgemeiner Wohlfahrt sowie wissenschaftlicher und künstlerischer Produktivität. Kenntnis davon gelangte nun durch Vermittlung der jungen Fürstin, die das kleine Nischwitz – ab 1673 Oranienbaum – als Morgengabe erhalten hatte, nach Anhalt-Dessau. Besonderes Augenmerk legte sie auf eine vernünftige und straff organisierte Wirtschaft. Im zunächst nur als Sommersitz gedachten Oranienbaum ließ Henriette Katharina 1669 eine Glashütte und 1693 eine Brauerei errichten. Ebenfalls in ihre Regierungszeit fällt der Beginn des Tabakanbaues. Sie gründete ein Witwenhaus und griff als Vormund des Erbprinzen Leopold und Regentin des Fürstentumes 1694 in die allgemeine Kindererziehung ein. Die Fürstin gebot den Kindern, »ihre Eltern wohl in Ehren« zu halten, sie weder zu schmähen noch zu fluchen, sie nicht zu schlagen, zu werfen oder ihnen gar die Haare herauszureißen. Demgegenüber wurden auch die Eltern ermahnt, ihre Kinder der Schule und der Kirche zuzuführen, sie nicht dem Müßiggang zu überlassen und die Macht über sie nicht zu mißbrauchen. Zum Teil dürfte Katharina aus eigener Erfahrung gesprochen haben, denn selbst zurückhaltende Historiker berichten vom ungezügelten Wesen des künftigen Herrschers, dessen Ausbrüche seine Mutter in arge Bedrängnis gebracht hätten.

Exemplarisch tritt hier das der Welt und der Macht mitunter exzessiv zugewandte Lebensgefühl des barocken Menschen in Erscheinung, das sich sowohl in der Struktur absoluter Herrschaft als auch in Geometrisierung und Symmetrisierung seines Lebensraumes zu bändigen suchte. Auch dafür ist Oranienbaum ein Beispiel, wobei die »Schwingungen der Ellipse und der Parabel« in der Barockarchitektur – die Hans Scharoun einmal treffend als das »Abbild leidenschaftlicher Verwobenheit des Personalen mit der Unfaßbarkeit des Alls«[42] beschrieben hat – von vornherein gezügelter und nüchterner erscheinen.

1683 begann die Oranierin ihren Sommersitz nach ihren Vorstellungen umzugestalten und berief für diese Aufgabe den bereits in Brandenburg und Anhalt-Zerbst tätig gewesenen Landsmann Cornelis Ryckwaert. Er konstruierte auf seinem Reißbrett die zwei sich an der Schloßstraße spiegelnden, annähernd gleichgroßen Quadrate von Stadt und Schloßanlage, die durch die über den Markt, Thronsaal und Delphinbrunnen verlaufende Achse nochmals geteilt wurden, ehe sie sich durch die Anlage von Wegen, Straßen, Wasserläufen, Plätzen oder Baulichkeiten abermals gliederten.

Farbtafel 2 Die Stadtkirche liegt in dem Teil von Oranienbaum, den Fürst Leopold dem ursprünglichen Kern um 1707 hinzufügen ließ. Entgegen üblicher barocker Planung ist das Gotteshaus aber nicht auf der vom Schloß durch das Stadtzentrum führenden Sichtachse plaziert – denn dort befand sich die sächsische Grenze –, sondern in der nach Süden vom Markt im rechten Winkel abbiegenden Hauptstraße. Auf dem Grundriß jener oben bereits erwähnten symbolträchtigen Form der

Ellipse wächst das schlichte Bruchsteingebäude robust empor und nähert sich in seinem mächtigen Mansardwalmdach wiederum der Form der Ellipse, deren andere Hälfte sich unter die Erde fortzusetzen scheint. Nur der aufgesetzte Dachturm samt seiner dynamisierenden Spitze kann die Kirche der lastenden Erdenschwere für Momente entreißen. Die schlichte Außenhaut strukturieren drei übergiebelte Risalite, ein in Höhe des Pilastergebälkes umlaufender Putzstreifen sowie die Öffnungen der Fenster und Türen – ein architektonischer Ansatz, der in dem hier gepredigten reformiert-calvinistischen Glauben wurzelte. Auch der Innenraum, der noch die Ausstattung der Entstehungszeit zwischen 1704 und 1712 aufweist und von einer Holzempore umzogen wird, atmet denselben Geist. Das Predigerwort und der Gemeindegesang standen im Zentrum der »heilignüchternen« religiösen Handlung.

Für die Lutheraner übrigens – 1679 gewährte man in Anhalt-Dessau Bekenntnisfreiheit – wurde um 1750 ein kleiner, oktogonaler Zentralbau in unmittelbarer Nähe des Schloßparkes errichtet. Er dient seit 1920 als Wohnhaus.

Die asketische, alle Lebensbereiche durchdringende Strenge des calvinistischen Glaubens, dessen Ideen nicht nur in Absolutismus und Aufklärung, sondern bis in das Pflicht- und Arbeitsethos der modernen Industriegesellschaften fortwirkten, erzeugte dabei eine durchaus sinnliche, pragmatische Praxiszugewandtheit sowie menschliche und religiöse Toleranz, die auch für den Urenkel der Fürstin Katharina eine Rolle spielen sollte.

Oranienbaum ist eines der frühesten Beispiele eines Schlosses, das in keiner Weise mehr an eine Festung erinnert. Durch seine zurückhaltende Einfachheit und die klare, überschaubare Gliederung entspricht es ganz dem Ideal der sich auf Andrea Palladio und Leon Battista Alberti berufenden klassizistischen Strömung des Barocks, die ursprünglich in Frankreich beheimatet war, aber sich seit der Mitte des 16. Jahrhunderts in den Niederlanden eigenständig weiterentwickelte und vornehmlich in den nordeuropäischen Ländern gepflegt wurde. Hier verschmolzen die Konzepte von Bürgerhaus- und Schloßbauten langsam miteinander. So sah der ursprüngliche Entwurf Ryckwaerts lediglich einstöckige Seitenflügel mit Aussichtsplattformen vor. Das zweite Geschoß, die quadratischen Kavaliershäuser und die daran anschließenden Wirtschaftsflügel sind Ergänzungen, die der anhaltische Bau-

Johann Tobias Schuchard: Schloß Oranienbaum, *1709 (Ausschnitt)*

meister Johann Tobias Schuchard nach Ryckwaerts Tod 1693 vornahm. Doch auch diese Gebäude bezeugen allein durch ihre Größe, durch die Ausführung in Fachwerk und die zur Straße ursprünglich offenen Arkaden der ehemaligen Ställe eine Durchlässigkeit hin zur und Verbundenheit mit der Stadt. Denkt man sich einmal sämtliche Seitenanbauten weg, wird deutlich, wie nahe das Oranienbaumer Schloß in seiner ganzen Anlage schon den klassizistischen Entwürfen Erdmannsdorffs ist.

Die absichtsvoll schmucklose Stadtfront wirkt flächig und streng. *Farbtafel 2* Ihr steht eine nicht weniger streng unterteilte Gartenfassade gegenüber. Hier allerdings tritt der vorgeschobene Mittelbau mit einer toskani-

schen Säulenhalle, dem Altan darüber und der Freitreppe direkt in den Gartenraum. Das plastisch aufwendiger gestaltete Giebeldreieck mit den Figuren der Flora und der Fortuna, die Putten auf dem Balustergeländer des Altans sowie die im Rhythmus der Fensteröffnungen beziehungsweise der Tür gegliederten toskanischen Säulen unterstützten diese Bewegung des Hinaustretens in einen Garten, der ebenfalls von Ryckwaert in Korrespondenz zum Schloß entworfen wurde und heute leider nur noch in seinen Grundzügen zu erkennen ist.

Von den bemerkenswerten Innenräumen des Schlosses ist der völlig mit Delfter Fliesen verkleidete Sommerspeisesaal bereits erwähnt worden. Während fünf große Gemälde die Figuren des Apollo, Merkur und Mars sowie der Diana und Venus zeigen, finden sich auf den übrigen bemalten Fliesen Darstellungen aus der biblischen Geschichte. Von den repräsentativen Räumen der oberen Geschosse verdient der sogenannte Teesaal mit einer weitgehend erhaltenen Ausstattung besondere Aufmerksamkeit. Neben den vermutlich aus dem Dessauer Schloß nach Oranienbaum gelangten seltenen niederländischen Ledertapeten und der mit schweren Stuckreliefs geschmückten Decke findet sich in den für Fayencen eingerichteten Konsolwänden der Stirnseiten eine Vorform der späteren Porzellankabinette. Ihr Aufkommen war die Folge einer allgemeinen »Chinamode«. Seit dem 17. Jahrhundert hatte man verstärkt versucht, teure ostasiatische Luxusgüter wie das Porzellan nachzuahmen. Sie übten offenbar eine besondere Faszination aus. Führend im Import von Originalerzeugnissen aus China waren die Niederländer. Mit den porzellanähnlichen »Delfter Fayencen« gelang ihnen seit 1680 außerdem die Produktion einer hochwertigen, bis Mitte des 18. Jahrhunderts den Markt beherrschenden Ersatzware.

Die Europäer waren jedoch nicht nur an exotischen Produkten interessiert. Ausgehend vom universellen Anspruch der Aufklärung setzte man sich bereits um 1700 mit der fernöstlichen Kultur auseinander, die vielfach nicht nur als gleichberechtigt, sondern als alternativ zu den europäischen Lebensformen begriffen wurde. Dies mußte rückwirkend zu einer Aufwertung fernöstlicher Waren führen. Die Geradlinigkeit und Schlichtheit chinesischer Bambusmöbel wurde als Gegensatz zu den extravaganten Gebrauchsgegenständen – selbst den chinoisen – des Rokoko empfunden. Auch hier kam es, wie beim Porzellan, zu einem regelrechten Importboom. Bambusmöbel wurden bald in Europa hergestellt und zum Teil durch andere Materialien imitiert. Darüber hinaus begann man im 19. und 20. Jahrhundert, asiatische Stilelemente in europäische Gestaltungsentwürfe einzubringen, eine Entwicklung, die bis in das Möbeldesign der klassischen Moderne reicht.

Vor der Einrichtung zweier chinesischer Zimmer im Erdgeschoß des Oranienbaumer Schlosses 1789 hatte Fürst Franz schon 1766/67, also während oder kurz nach der zweiten und wichtigsten Englandreise, einige Räume mit chinoisen Tapeten ausstatten lassen. Es war die Reise, auf der Franz und seine Begleiter den englischen Architekten William Chambers kennengelernt hatten, der neben den Adam-Brüdern nicht

Oranienbaum, Schloß: Sommerspeisesaal

nur ein Hauptvertreter des englischen Klassizismus war, sondern zudem eine zentrale Figur für die Vermittlung asiatischer Architektur, Möbel und Gartenkunst wurde. Als Auswertung eines ausgedehnten Chinabesuches 1748/49 legte er 1757 sein reich mit Abbildungen versehenes Werk *Chinese Buildings, Furniture, Machines and Utensils* vor. 1762 errichtete Chambers die Pagode von Kew Gardens, und 1772 erschien sein Buch *Dissertation on Oriental Gardening*. Alle diese Veröffentlichungen fanden sich in der Bibliothek des Fürsten wieder und haben mit ihrem Gedankengut und formalen Anregungen zum Teil direkt Garten- und Raumgestaltungen auch in Wörlitz beeinflußt.

Wie weit diese Übereinstimmungen gehen konnten, hat Uwe Quilitzsch anhand von Chambers-Zitaten bewiesen, die er der Beschreibung

Heinrich Theodor Wehle: Das Chinesische Haus zu Oranienbaum, *1800*

des chinois-englischen Gartens in Oranienbaum gegenüberstellte.[43] Dieser Garten gilt nicht nur als die erste Anlage ihrer Art in Deutschland, sondern zugleich als Höhepunkt der Dessau-Wörlitzer Chinoiserie.

Zwischen 1793 und 1797 beauftragte der Fürst Johann Christian Neumark, im nordöstlichen Teil des Barockgartens das alte Kanalsystem zu erweitern, künstliche Inseln und Hügel zu schaffen, Schlängelwege und Bepflanzungen nach chinesischem Vorbild anzulegen. Brücken, eine Pagode und ein Teehäuschen komplettieren das Bild. So entstand jener Garten, wie er in seiner Grundstruktur noch heute existiert.

Farbtafel 5

Dabei dürfte eine bloße Nachahmung nie das Ziel gewesen sein. Vielmehr griff Franz Ideen auf, die ihn selbst bewegten. Nicht Konstruktion, sondern die eigenen Gefühle, das Zeitalter der Empfindsamkeit dürften hier Pate gestanden haben. Daher könnte man einen Spaziergang durch den Park mit einem Gang durch die menschliche Psyche vergleichen. Am Anfang, als Traumbild, Zeichen und Wächter, steht die als Belvedere gebaute Pagode auf ihrem mit immergrünen Eiben bewachsenen Hügel. In der Folge trifft man auf klar erkennbare, doch auch schon doppeldeutige Strukturen wie das gleichsam über dem

Wasser schwebende, auf roher Findlingsgrotte erbaute Teehaus der chinesischen Hochkultur, das dem Besucher mit zwei magisch-blauen Quadrataugen entgegenschaut. Bald aber verschwimmt die Ordnung der Wege und Kanäle immer mehr, um sich schließlich in »pfadlose Wildnis« aufzulösen – der Garten als Spiegel der eigenen Seele. Nüchterner kann er auch als Zeugnis des über England vermittelten Chinabildes des Fürsten, also einfach als Bildungspark, begriffen werden. *Farbtafel 4*

Die letzte große Bauaufgabe in Oranienbaum galt noch einmal dem immergrünen Baum mit den goldenen Früchten. Beeindruckend lang zieht sich an der von Dessau kommenden Straße die klassizistische Orangerie hin. Von 1812 bis 1818 als dritte ihrer Art errichtet, schlägt sie die Brücke zu der Zeit des Aufstieges von Oranienbaum und belegt den Sinn für alte, traditionelle Zeichen in einer Epoche, in der die funktionalen Pflanzenhäuser das Terrain der edlen Pomeranzen eroberten und sie durch Palmen ersetzten, die noch heute in den bürgerlichen Wohnzimmern zu finden sind.

Zweckfreie Schönheit – Mosigkau

Das ein Jahr vor der Regierungsübernahme durch Franz fertiggestellte Schloß Mosigkau und sein Park werden in aller Regel nicht in Darstellungen des Dessau-Wörlitzer Kulturkreises einbezogen. Die nunmehr einzige wohlerhaltene Lustschloßanlage des Rokoko in Anhalt scheint geradezu das Gegenteil von dem zu verkörpern, was in Franzischer Regierungszeit unter der Formel der Verbindung des Schönen mit dem Nützlichen als Norm galt.

Der einstige Lustgarten, im wesentlichen in den letzten Jahren der Errichtung des Schlosses nach französischem Vorbild entstanden, sollte wie das Gebäude selbst – in Fortsetzung und Beziehung zu diesem – einzig der Zerstreuung und dem sensualistischen Vergnügen dienen. Die Delikatesse der voneinander abgetrennten, schwer überschaubaren, sich kabinetthaft abschirmenden oder wie ein Irrgarten angelegten Raumfluchten entsprach dem Bedürfnis der Zeit nach Dekoration, Intimität, Privatheit, verfeinerter Erotik und Spiel. Im künstlichen Gartenraum wurde Natur einer pittoresken Geometrie unterworfen, die sich im Kugelschnitt zwergiger Edelobstbäume oder in der unregelmäßigen Rocailleornamentik der Broderien zeigte. Hier kegelte man, machte die Damen im Karussell schwindeln, schoß auf den Vogel, vergnügte sich beim Fortunenspiel oder erging sich im Irrgarten.

Auch mit der Erweiterung des Gartens nach 1774, dessen Zentrum das noch vorhandene Chinesische Haus bildete und zu dem der Englische Berg mit Eremitage und ein durch Hecken abgegrenzter Theaterplatz gehörten, änderte sich sein Charakter nicht. Elemente wie das Chinesische Haus, auf dessen Spitzdach ursprünglich die farbige Figur eines Chinesen mit Glöckchen und Sonnenschirm stand, oder das Eremitenquartier, das in Wörlitz ebenfalls auftaucht, bleiben hier nur exotische Farbtupfer ohne inneren Zusammenhang in einer um ihrer selbst willen entfalteten abwechslungsreichen Szenerie.

Als Garten des seit 1780 eingerichteten und bis in das Jahr 1945 bestehenden Fräuleinstiftes machte der Park – oft unter dem Druck wirtschaftlicher Verhältnisse – einen nur halbherzigen Umbau zu einem Landschaftspark nach englischem Muster durch, wobei jedoch im

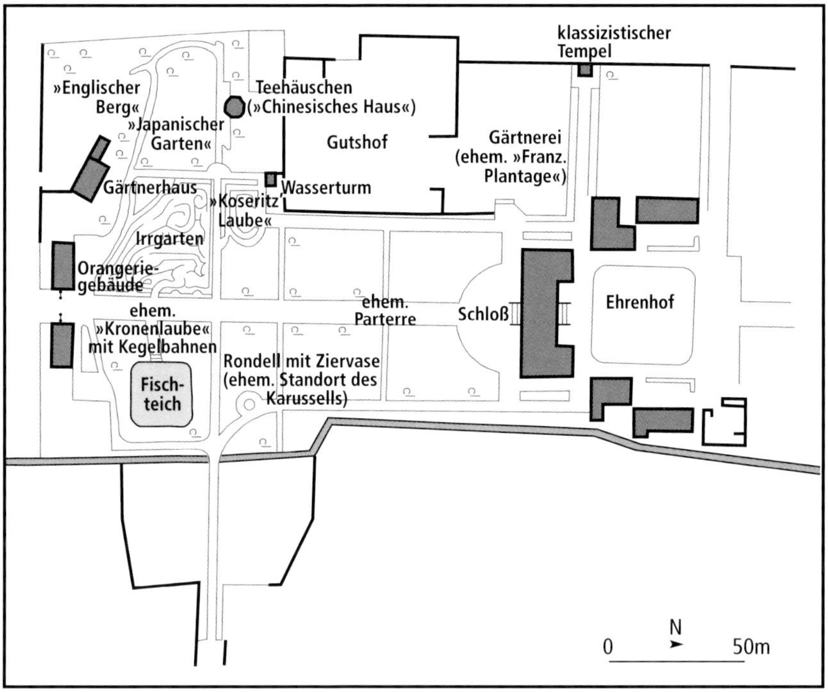

Schloß und Park Mosigkau

Fischgartenrevier und im Irrgarten Reste aus dem Rokoko erhalten blieben.

Voraussetzung für das Entstehen von Schloß und Park Mosigkau war unter anderem die bereits erwähnte Politik des Aufkaufes territorialen Grundbesitzes durch den Alten Dessauer. 1742/43 erwarb er das Gut der Advokatenfamilie Stubenrauch sowie das Resesche Gut in Mosigkau und übereignete es seiner Lieblingstochter Anna Wilhelmine, die 1751/52 Planung und Bau der Lustschloßanlage veranlaßte. Unter preußisch-sächsischen Einflüssen (Georg Wenzeslaus von Knobelsdorff, Johann Christoph Knöffel) entstand nach Entwürfen des Dessauer Hofbaumeisters Christian Friedrich Damm ein dreiflügeliges Schloß von zurückhaltender, fast bescheiden sich in die flache Landschaft einfügender, bodenständiger Eleganz. Diese ist heute geschmälert durch die Reduzierung der Dachgaupen, das Fehlen der Rundfenster und des Risalitaufsatzes der Gartenseite, aber vor allem durch die Abnahme der einst vorhandenen achteckigen Laterne, in der sich die sorgsam ausge-

Farbtafel 6

wogenen, vertikalen, dynamischen Linien des Bauwerkes bündelten und die dem Schloß eine architektonische Schwerelosigkeit verliehen, so daß es gleichsam über der Erde zu schweben schien.

Während im nach Norden gelegenen, beidseitig von Kavaliershäusern und Bedienstetenunterkünften eingerahmten Ehrenhof das die Mittelzone beherrschende Portal nach innen weist, scheint die Gartenseite die Verbindung nach außen zu suchen. Fast könnte man von einer unmerklichen Bewegung des Ein- und Ausatmens sprechen, die durch dieses Haus hindurchschwingt. Noch deutlicher als in der letztendlichen Ausführung kommt dieses Moment im Figuren- und Raumprogramm einer Damm zugeschriebenen Entwurfszeichnung zum Tragen. Sie sah hinter dem Nordportal die Galerie und im Gartensaal der heutigen Galerie eine Orangerie vor. Unter der allegorischen Frauenfigur des Sommers über dem Säulengebälk des Gartenportales sollte diese Orangerie als offener Festsaal mit den Treppenfiguren der Venus und Flora eine ebenso direkte Verbindung zum Lustgarten herstellen wie die Galerie im Norden mit der Allegorie des Herbstes sowie den Figuren des Apollo und der Minerva zum repräsentativen und zugleich offizielleren Ehrenhof.

Wie der Außenraum, so besaß auch das Innere des Schlosses eine auf seine Funktion und die Bedürfnisse und Vorlieben seiner Bauherrin abgestimmte Zimmerabfolge, deren Zentrum noch heute der als Galerie gestaltete lichtdurchflutete Gartensaal bildet. Er ist der schönste Rokokoraum des ehemaligen Landes Anhalt und zählt zu den wenigen weitgehend original erhaltenen barocken Schloßgalerien Deutschlands. Die Gemälde, die in vertieften Feldern die innere Wand und die beiden Stirnwände lückenlos bedecken, stammen zum überwiegenden Teil aus der sogenannten Oranischen Erbschaft. Anna Wilhelmine erwarb sie 1756 von der Schwester ihres Vaters. Es handelt sich dabei um Werke von Malern der flämischen und holländischen Schule des 17. Jahrhunderts, unter ihnen bekannte Namen wie Peter Paul Rubens, Jacob Jordaens oder Anthonis van Dyck. Doch sind hier auch Arbeiten deutscher und italienischer Künstler des 18. Jahrhunderts zu finden.

Gold, Grün und ein vornehmes Weiß für Tür-, Fenster- und andere Rahmen sind die Farben dieses Saales, dessen elegante, vermutlich von Johann Carl Lindner nach Entwürfen Johann Michael Hoppenhaupts d. Ä. geschaffene Stukkaturen die Decke und die nicht von Bildern in

Mosigkau: Kavalierhaus

Anspruch genommenen Teile der Wände zieren. Oft scheint es, als hafteten diese schwingenden Rocaillen sowie die Frucht-, Blumen- oder Tierdekors nur noch für Sekunden an dem glatten Untergrund. Die strenge Rahmung des weißen Stuckes und die freundlich-helle, fast intime Farbigkeit läßt bereits den Klassizismus spüren und macht auch in der Ornamentik jene Grenze ahnbar, hinter der etwas anderes, neues beginnt.

Vergleichbares ließe sich auch von anderen Räumen des heute museal genutzten Schlosses sagen, das im Verlauf der Zeit zahlreiche Verluste erleiden mußte. In ihrer Abfolge noch original beziehungsweise wieder hergestellt, präsentieren sich die beiderseits der Galerie anschließenden Räume. Von vornehm-kühler Zurückhaltung ist das Musik- oder auch Marmorkabinett, an das sich das ehemalige Arbeitszimmer der Prinzessin anschließt; kontrapunktisch dazu erscheint das »Gelbe versilberte Kabinett« im Westflügel in seiner beinahe aggressiv wirkenden Farbigkeit. Neben diesem befindet sich die Bibliothek, die wegen ihrer von Peter Lely gemalten Damenbildnisse auch »Englische Damen-Kammer« genannt wird. Interessant ist in diesem Zusammenhang, daß nach Horst Dauer der Ostflügel ursprünglich chinoiser Ausstattung, der Westflügel jedoch europäischer Tradition und zeitnaher, frühklassizistischer Empfindungswelt verpflichtet war.[44] Inwieweit sich dahinter und in der Zuordnung bestimmter Funktionsräume zur jeweiligen Gestaltung programmatische Überlegungen verbargen, läßt sich aber nur vermuten.

Die einzige klassizistische Architektur Mosigkaus ist ein kleines, inzwischen umgesetztes Tempelchen, in dem heute die Skulptur des *Jugendlichen Zeus* des Merseburger Bildhauers Johann Christian Trothe ihren Platz gefunden hat. Die Art und Weise, wie in dieser künstlerisch bedeutsamen Plastik mit sensitiver Leichtigkeit der Mythos ins Private, das Pathetische ins Natürliche, Spielerisch-erotische, der Gott in den reizenden »Kavalier« verwandelt wird, ist charakteristisch für die Zeit, in der die Flucht aus den unwirtlichen Regierungspalästen in die ländlichen Lustschlösser einsetzte und in den Kulissen virtuoser Scheinwirklichkeiten das Rousseausche »Zurück zur Natur« wie eine Theaterinszenierung probiert wurde. So mag das Rokoko in Mosigkau nicht allein als Bindeglied zwischen barockem Oranienbaum und dem Gartenreich des Leopold Friedrich Franz im Sinne historischer Folge und Vollständigkeit verstanden werden, sondern als ambivalente, treibende Voraussetzung im Gang der Geschichte.

Unsichtbare Vergangenheit – Dessau

»Nirgends«, schrieb der Berliner Aufklärer Andreas R. Riem kurz vor 1800, »habe ich Avenues getroffen, die so mannichfaltig das Auge erfreuen und dem Geiste durch den edlen, guten Geschmack, womit sie angelegt sind, das reizendste Vergnügen gewähren«[45] – und lieferte so eine Beschreibung Dessaus kurz vor Erdmannsdorffs Tod, als die Stadt ihre wohl vollkommenste Gestalt erreicht hatte.

Die im letzten Jahrhundertviertel maßgeblich durch Erdmannsdorff gestaltete kleine Residenz und ihr inneres soziales Leben schienen einander zu bedingen, zu fördern und gegenseitig aufzuwerten. Nur aus dieser glücklichen Konstellation ist die schwärmerische Identifikation Dessaus mit Arkadien verständlich.

Die Glanzzeit des kleinen Fürstentums ging mit dem Tod von Erdmannsdorff und Franz zu Ende. Glaubte Carl August Boettiger in seinem Nachruf auf den Architekten nicht um dessen Würdigung fürchten zu müssen, teilte Erdmannsdorff doch bald das Schicksal des gesamten Dessau-Wörlitzer Reformkreises und seiner Vertreter, deren Bedeutung als Bahnbrecher des Klassizismus in Deutschland erst in den 80er Jahren des 20. Jahrhunderts wirklich begriffen wurde. Zu diesem Zeitpunkt war das Dessau, wie es die aufgeklärten Zeitgenossen in höchsten Tönen gerühmt hatten, längst in den Bombenangriffen des Zweiten Weltkrieges untergegangen. Der Zerstörung folgte die ideologisch bemäntelte Ignoranz, die Rettbares einfach dem Zerfall überließ und dann einebnete. Noch 1970 wurde so ein Zeugnis fürstlicher Toleranzpolitik, die jüdische Franzschule, ein Opfer der Abrißbirne.

Mitte des 18. Jahrhunderts war Dessau geprägt von den Stadterweiterungen und Modernisierungen, die unter Leopold I. begonnen hatten. Im Zuge dieser bedeutenden Umstrukturierung fielen Stadtmauer und Tore des 13. Jahrhunderts, um dem zu dieser Zeit schon widersinnigen Projekt einer neuen Mauer Platz zu machen, die nun auch die jüngeren Stadtteile umfaßte. Von der 1688 bis 1693 entstandenen Johanniskirche, die vermutlich Vorbild für das Oranienbaumer Gotteshaus war, führte eine Blickachse über die als barocker Boulevard geplante Kavalierstraße nach Süden. An ihr und der parallel dazu verlaufenden,

Heinrich Theodor Wehle: Das Schloß zu Dessau aus dem Thiergarten gesehen, *1800*

in den Kleinen und Großen Markt und schließlich in den Schloßbezirk mündenden Zerbster Straße fanden die repräsentativen, vornehmlich dem Hof und seinen Bedürfnissen dienenden Neubauten ihren Platz. Erhalten hat sich hier neben der Georgenkirche in der Askanischen Straße aus den Jahren 1708 bis 1712 und dem 1746 bis 1750 realisierten, 1847 völlig umgestalteten Leopolddankstift Ecke Kavalierstraße/Askanische Straße das ehemalige Palais Fürst Dietrich in der Zerbster Straße, das von 1774 bis 1793 das weltberühmte Philanthropin beherbergte. Die 1747 bis 1752 errichtete, doch leider schon 1785 veränderte Schule war wie die übrigen Palaisbauten der Stadt sowohl dem sächsischen als auch dem palladianisch orientierten niederländischen Barock verpflichtet. Neben diese Baustile trat um die Jahrhundertmitte durch den Schloßentwurf Knobelsdorffs der Einfluß des friderizianischen Rokoko. Obwohl das Dessauer Schloß Fragment blieb, darf sein Einfluß auf das Baugeschehen in Mosigkau sowie auf die Arbeit Erdmannsdorffs keinesfalls unterschätzt werden.

Die Tätigkeit des jungen Architekten Erdmannsdorff war zudem schon früh mit dem Dessauer Stadtschloß verbunden. Anläßlich seiner Heirat zog Franz ihn 1767/68 zur Ausgestaltung einiger Innenräume heran, so der Luisen-Rotunde und des Festsaales. Hier erprobte Erdmannsdorff ein erstes Mal seine am Stil der Brüder Adam geschulten frühklassizistischen Interieurs, die er in Schloß Wörlitz zu meisterhafter Vollendung führen sollte. Die seit 1764 in Wörlitz unter Federführung des Fürsten und Erdmannsdorffs entstehenden Anlagen machten die im Osten am Muldeufer liegende städtische Residenz zum Haupteingangstor in die Stadt. So schuf Erdmannsdorff im Verlauf von etwa 20 Jahren aus einem zuvor weitgehend isolierten Schloßbezirk ein repräsentatives kulturelles Zentrum, in dem das höfische Leben mit dem bürgerlichen verschmolz.

In den Jahren 1774/75 hatte Erdmannsdorff mit dem Bau der beiden Pavillons »Elbe« und »Mulde« den Lustgarten nach Norden abgeschlossen. Die mit einer Tempelfassade geschmückten Pavillons zollten den beiden Flußgöttern im antikisierenden Stil Tribut. Drei Reliefs mit Wagenlenker, Reiter und Kentauren nach dem Vorbild antiker Gemmen wiesen auf die Funktion des Gartens hin, der 1775 in die Form eines Hippodroms umgestaltet wurde, jener von Griechen und Byzantinern bevorzugten elliptischen Bahn für Pferde- und Wagenrennen. Wie der angrenzende Schloßpark war auch das Hippodrom öffentlich. »Angenehm ist ein Spaziergang im Lustgarten Morgens, wenn die langen pyramidenförmigen Schatten der Lombardischen Pappeln und der Cedern sich über den offenen betaueten Circus wankend hinstrecken«, schrieb August von Rode, der dem Tag jedoch eine elysische Nacht mit Mondschein und »dem Geräusch des nahen Wasserfalls«[46] vorzog.

Die von Rode beschriebene Morgenstimmung fängt ein wenig auch ein Kupferstich von Johann Gottlieb Böttger aus dem Jahr 1801 ein. Hier sind im Vordergrund das Hippodrom, im Hintergrund der von Georg Wenzeslaus von Knobelsdorff entworfene, doch Torso gebliebene Ostflügel und der unter Ludwig Binder 1530 bis 1533 errichtete, nach dem Bauherrn benannte Johannbau sowie im Westen die das Hippodrom seit 1790 flankierende, von Friedrich Wilhelm von Erdmannsdorff entworfene Orangerie zu sehen. Bei aller Schlichtheit muß sie gegenüber dem unfertigen, janusköpfigen Gesicht des Schlosses wie ein Muster edler Architektur gewirkt haben. Doch außer dem Johannbau, der heute nach seiner Wiederherstellung im alten Glanz prangt, ist nichts erhalten geblieben. Auch den Marstall, die Reitbahn, das Stallmeisterhaus oder die Muldbrücke mit ihren Brückenhäusern, die von besonders enthusiastischen Dessaubesuchern mehr als die Augustusbrücke in Dresden geschätzt wurde, sucht man vergebens.

Alle diese Bauwerke befanden sich – wie auch das Theater von Erdmannsdorff und andere öffentliche Gebäude – in unmittelbarer Nähe des Schloßbezirkes, der damit nicht nur zu einem architektonischen Glanzpunkt, sondern zu einem gesellschaftlichen Zentrum Dessaus wurde. Die ursprüngliche Stadtanlage ist heute jedoch nur anhand von alten Stichen, historischen Photographien und den schriftlichen Zeugnissen der Zeitgenossen nachzuvollziehen.

Fast scheint es bittere Ironie, daß neben drei zumindest im Baukörper beziehungsweise in der Fassade noch existenten Erdmannsdorff-Bauten gerade der Neue Begräbnisplatz erhalten blieb. Das auch als Historischer Friedhof bekannte Areal, das sich vor dem ehemaligen Spittel- oder Askanischen Tor außerhalb der neuen Stadtmauer befand, wurde von 1787 bis 1789 nach dem Vorbild italienischer Camposanti angelegt, deren Raumprogramm schon während der Renaissance in Mitteldeutschland aufgenommen worden war. Beispiele sind der Stadtgottesacker in Halle und der Alte Friedhof in Eisleben. Der andere, noch entscheidendere Einfluß ging von den Bestattungsgewohnheiten der Herrnhuter Brudergemeinden aus, die seit 1749 neben dem bedeutenden theologischen Seminar auch eine Druckerei, Bücherei und Buchhandlung sowie eine Sternwarte im nahen Barby betrieben. Als auf Vernunft und Askese orientiertes religiöses, pietistisches Gesellschaftsmodell mußten die Herrnhuter für Reformer von einigem Interesse sein. Schon 1776 besuchten die Dessauer gemeinsam mit Karl August von Sachsen-Weimar und Johann Wolfgang von Goethe Barby.

Auf dem außerhalb des Ortes liegenden Gottesacker bestatteten die Herrnhuter ihre Toten nach Geschlecht getrennt, doch ohne Ansehen der Person. Das Grab erhielt keinen Grabhügel, nur einen Stein mit dem Namen und den Lebensdaten des Toten. In Dessau verzichtete man auch darauf. Hier deckte die Toten ein alle gleichmachender Gras- oder Kleeteppich im ummauerten, durch zwei sich kreuzende Wege nochmals geviertelten Quadrat zu.

Immerhin war Franz der zentrale Platz unter einem Blumenbeet reserviert. Da sein Sohn jedoch vor ihm starb, wurde dieser an der bevorzugten Stelle bestattet. Die Grüfte in den Umfassungsmauern (Erdmannsdorffs Grabstätte befindet sich zum Beispiel dort) und einige

Christian Friedrich Wiegand: Portal des neuen Gottesackers zu Dessau, *um 1790*

Grabmäler führen anschaulich vor Augen, daß dem Normierungsgedanken der Aufklärung durchaus Grenzen gesetzt wurden. Trotz alledem wies die Idee dieser Begräbnisstätte weit über die traditionsgebundenen, sehr diesseitigen Bedürfnisse der Zeitgenossen hinaus. »Ich kann die großen Grabdenkmäler, Leichensteine und Umfriedungen mitten auf dem Platze gar nicht leiden«,[47] hatte Franz 1814 gegenüber seinem Propst Reil geäußert, der für sich und seine Familie bereits einen Platz gesichert hatte und damit bewies, wie wenig selbst die mit den Absichten der Reformer Vertrauten in der Lage waren, der allgemeinen Entfremdung vom ursprünglichen Gedankengut entgegenzuwirken, die nach Erdmannsdorffs Tod und mit Franz' Alter einsetzte.

Dies schmälert die Bedeutung des ersten kommunalen Friedhofes in Deutschland, der allen Konfessionen außer der jüdischen offenstand, aber wenig, zumal sich in ihm wohl so deutlich wie in kaum einem anderen der Dessauer Projekte Praxisbezug und Geisteshaltung verbanden. Die Beerdigung außerhalb der Stadtmauer bedeutete nicht nur die Wiederaufnahme antiker Tradition, sie erfüllte zugleich eine hygienische Forderung. Der egalitäre Rasen war nicht allein menschheitliches Bekenntnis, sondern Entschluß zur Sparsamkeit, nämlich an Raum, Steinen und Festkosten. Programmatisch offenbart sich die weltanschauliche Komponente in dem Portal nach dem Vorbild römischer Triumphbögen. In Kenntnis der von Lessing aktualisierten antiken Tod-Schlaf-Theorie setzte Erdmannsdorff zu beiden Seiten des Einganges die brüderlichen Figuren des Schlafes und des Todes. Im Zentrum über dem Tor werden die Sätze Ludwig Ferdinand Hubers – »tod ist nicht tod/ist nur veredlung sterblicher natur« und »kein drohendes grabmahl und kein tod/wird mehr sein auf der neuen erde gefilden« – durch die auf den Anker gestützte weibliche Figur der Hoffnung bekrönt, die sich vor dem endlosen Himmel abhebt. Das Kreuz, hier nicht nur als christliches Symbol, sondern als einfachstes Zeichen für die Welt verstanden, bilden die beiden sich schneidenden Hauptwege des Areales.

Dieser »Begräbnisplatz« und sein Konzept stellen wohl die intensivste Auseinandersetzung des Dessau-Wörlitzer Kulturkreises mit einem die Menschheit im wahrsten Sinne des Wortes existentiell berührenden Bereich dar und galten noch in der deutschen Hochklassik, so in Goethes *Wahlverwandtschaften*, als vorbildlich. Freilich begann mit einer immer schwächer werdenden christlichen Heilsgewißheit die Suche nach anderweitiger Tröstung. In dem Maß, in dem der Tod als natürlicher Teil des Lebens begriffen, zugleich aber vor die Stadt unter eine anonyme Rasenfläche verbannt wurde, erfolgte auch seine Verdrängung. Möglicherweise wird von hier aus Egon Friedells These verständlich, nach der der Klassizismus »aus der Angst des modernen Menschen geboren«[48] sei.

Von den 24 Bauten, die Erdmannsdorff im Stadtgebiet Dessaus realisierte, sind – wie erwähnt – nur drei, und diese zum Teil auch nur fragmentarisch, erhalten geblieben. Im ehemaligen Haus Bose (1800) in der Johannisstraße wird durch die fast schmucklose Strenge bereits die Wende zum Spätklassizismus markiert. In den nur in ihren Fassaden überlieferten Palais Branconi (1796) und Palais Waldersee (1792–1795), Zerbster Straße 1 und 36, klingt indessen immer noch jener palladianisch orientierte niederländische Barock an, der das Dessau um 1750 entscheidend beeinflußte und dem sich Erdmannsdorff mit seinen ersten Aufträgen in der Stadt angeschlossen hatte. Er bewies damit nicht nur sein äußerst ausgeprägtes Gefühl für und seinen Respekt vor der

Tradition, sondern zugleich das jeder klassizistischen Kunstrichtung eigene starke Bewußtsein für Kontinuität und für Gesetzlichkeit vor allem in den Formen der Architektur.

Farbtafeln

1

2

20

»Gärtner, Maler, Philosophen, Dichter – geht nach Wörlitz!«[49]

»Mit der Sonne sank ich da in den wechselnden Garten, dessen Aussichten wieder Gärten sind. Da war mir, als gehe die Sonne eben auf; alle Tempel blitzten wie von Morgenlicht – erfrischender Tau überquoll den Boden, und die Morgenlieder der Lerchen flogen umher. – Lange, sonnentrunkene Perspektiven liefen wie glänzende Rennbahnen der Jugend, wie Himmelswege der Hoffnung hin –«[50]

»Liebster Freund, die Freude mußt Du mir ja nicht vereiteln, daß wir übers Jahr in den vortrefflichen Gegenden hier herumschwärmen. Der Wörlitzer Garten ist göttlich und ich habe die Bemerkung gemacht, daß mir diesmal manches besser gefallen hat, weil diesmal meine Erwartung nicht gespannt war, sondern im Gegenteil etwas zu niedrig gestimmt war, wenn Du aber Dich vergnügen willst, so denke Dir alle die eigentlichen gepriesenen Raritäten recht klein und kindisch.«[51]

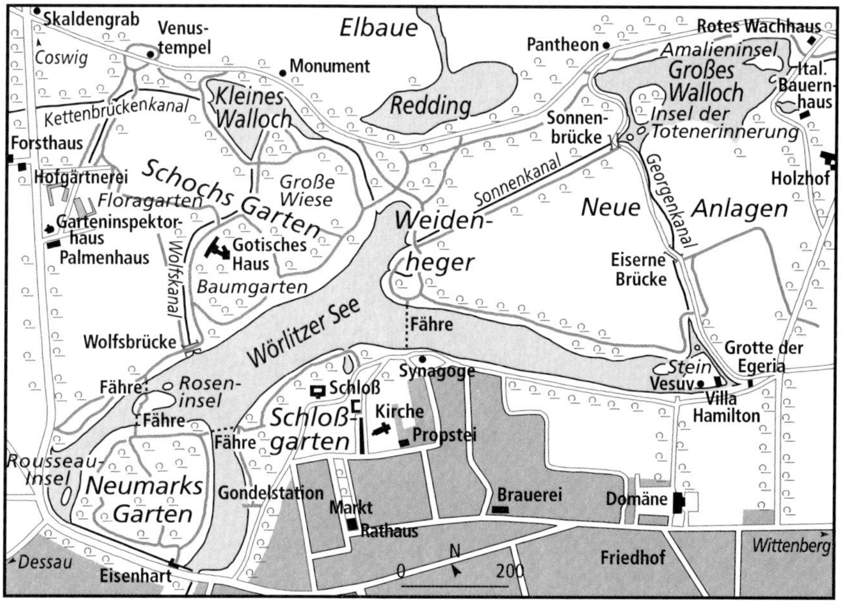

Die Englischen Anlagen von Wörlitz

Friedrich Salathé: Eingang in den Wörlitzer Garten; *Friederikenbrücke, Kirchturm und Eichenkranz (rechts), Mitte 19. Jhd.*

Carl Kuntz: Das Schloß zu Wörlitz, *1797*

»Hier ists ietzt unendlich schön. Mich hats gestern Abend wie wir durch die Seen Canäle und Wäldgen schlichen sehr gerührt wie die Götter dem Fürsten erlaubt haben einen Traum herum um sich zu schaffen. Es ist wenn man so durchzieht, wie ein Mährgen, das einem vorgetragen wird und hat ganz den Charackter der Elisischen Felder; in der sachtesten Mannigfaltigkeit fließt eins in das andre, keine Höhe zieht das Aug und das Verlangen auf einen einzigen Punkt; man streicht herum ohne zu fragen wo man ausgegangen ist und hinkommt.«[52]

Der in die Kapitelüberschrift gesetzte Ausruf von Charles Joseph Fürst von Ligne, Diplomat, Offizier, Schriftsteller und selbst Gartengestalter, die schwärmerische Vision Jean Pauls, die kritische Bewunderung Ludwig Tiecks und der romantische Blick Johann Wolfgang von Goethes sind nur einige wenige der zahlreichen, oft emphatischen Aussagen zu den Wörlitzer Anlagen, die als das erste wirklich bedeutende und wohlerhaltene Beispiel des frühen, durch englische Vorbilder angeregten Landschaftsgartens in Deutschland und auf dem europäischen Festland überhaupt gelten. Hier, meinte Franz selbst, sei ihm das meiste gelungen. »Vielleicht versteht jetzt in England selbst kein Landschaftsgärtner so meisterhaft die Kunst, durch Mischung von hundertfachem Grün zu schattieren und grün in grün zu malen als Franz.«[53]

Daß die Anlagen zudem in der Architektur der wesentliche Ausgangspunkt des kontinentalen Klassizismus, der Neugotik sowie frühester, ganz eigenartig historisierender Schöpfungen waren und sich in ihnen die vielfältigen, oft widersprüchlichsten Geistesströmungen des ausgehenden 18. Jahrhunderts materialisierten, mag auch die Einschränkung rechtfertigen, daß eine erschöpfende Beschreibung dieses vielteiligen Gesamtkunstwerkes auf dem hier zur Verfügung stehenden Raum weder möglich noch angestrebt sein kann.

Seit 1764, also nach der ersten Englandreise des Fürsten, zogen sich die Arbeiten, angereichert durch immer neue Erfahrungen ihrer Gestalter, über reichlich vier Jahrzehnte hin. So entstand an dem langgestreckten Wörlitzer See, einem Altwasser der Elbe, ein über 100 Hektar großer Bereich mit verschiedenen Gärten. Mit Ausnahme des Schloßgartens handelte es sich aber von Anfang an nicht um geschlossene Parkflächen im üblichen Sinn, sondern mehr oder weniger um Galeriepflanzungen an Wegen oder Kanälen, um Seen und um kleinere oder größere Felder. Von der nördlichen Flußaue durch einen Deich geschieden und im Süden von der Stadt Wörlitz begrenzt, verbanden sich die verschiedenen Teile in mitunter kaum merklichen Übergängen mit der gepflegten Landschaft. In ihr erschienen die Wörlitzer Anlagen als nochmalige Steigerung. Eigentlich begannen sie im Westen schon am Berting-Wallwachhaus und endeten im Osten am Schönitzer See.

Die Anlagen – bereits als öffentliche geplant – bildeten darüber hinaus eine organische Einheit mit der Stadt, da sie nicht nur kulturpädagogische, sondern auch wirtschaftliche und religiöse Funktionsträger, so zum Beispiel die Musterlandwirtschaft am Gotischen Haus oder die Synagoge der Wörlitzer jüdischen Gemeinde, in sich einschlossen. Andererseits kündigten Projekte wie das nach Entwürfen von Erdmannsdorff 1792 bis 1795 realisierte Rathaus, die ebenfalls nach 1790 errichtete Brauerei, der Neubau des christlichen Friedhofes mit Aufseherhaus und Leichenhalle von 1795 oder der 1938 zerstörte jüdische Friedhof mit dem Zeremonienhaus an der Straße nach Griesen bereits eine umfassende Reform in einer bis dahin von der Weltkultur unberührten, bescheidenen ländlichen Umgebung an.

Bezeichnendes Zeugnis dieser Bemühungen ist auch die Anlage der heute leider sehr stark veränderten Domäne am Ostende der Stadt gegenüber dem Friedhof an der Straße nach Riesigk. Nach Entwürfen Erdmannsdorffs entstand das einen fast quadratischen Hof umschließende landwirtschaftliche Mustergut in den Jahren von 1783 bis 1787, wohl unter dem Einfluß der Palladio-Villa Emo bei Fanzola, der sich auch der Mehrzweckbau in Riesigk verpflichtet zeigt. Dem von Osten kommenden Besucher präsentierte sich in der Mitte des unterbrochenen Wirtschaftstraktes das Verwalterhaus mit Belvedere und dem Portal mit eingestellten Säulen schon als kleiner Vorbote des Schlosses.

Da das Sehen und Gesehenwerden, der raffiniert durch Architekturen aufgefangene und weitergeführte Blick im ganzen Gartenreich größte Beachtung erfuhren, spielen diese gestalterischen Momente in den Wörlitzer Anlagen eine überragende Rolle. Frei von strenger Geometrisierung und der Bindung des Auges an den Weg wird hier barokkes Erbe im frühen Landschaftsgarten weiterentwickelt und lebendig erhalten. Die von Wallknicken, Architekturen, Sitzen oder Plastiken ausgehenden Sichten weben ein dichtes, in vielen Partien vom Besucher dauernd neu zu entdeckendes und durch intensive Parkpflege immer wieder herzustellendes Beziehungsnetz über das gesamte Areal. Erst

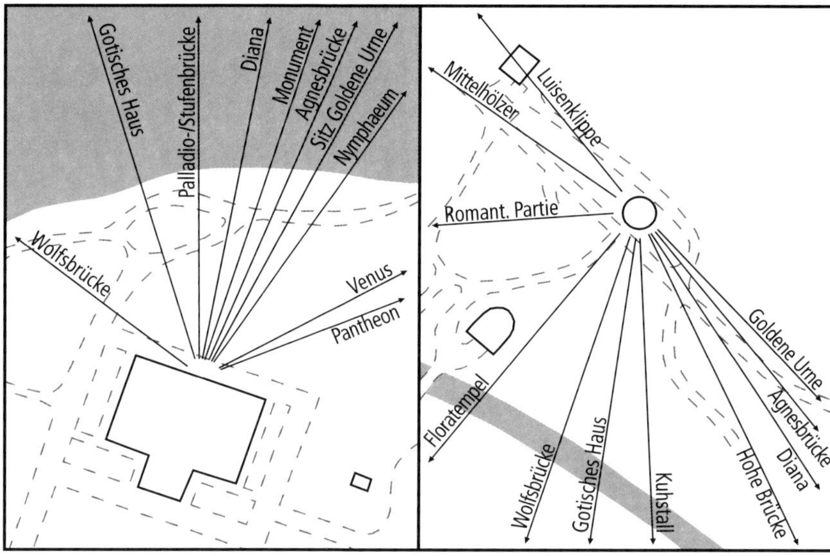

Wörlitz, Sichtenfächer am Schloß (links) und am Venustempel (rechts)

seit 1983 wird in den bis dahin vornehmlich als Landschaftspark im Sinne des 19. Jahrhunderts begriffenen Gärten an deren Wiedergewinnung gearbeitet. »In der Fülle dieser ideenreichen Sichtbeziehungen«, schreibt Erhard Hirsch, ist Wörlitz »das unübertroffene Meisterwerk und hat hierin selbst seine Vorbilder in England weit hinter sich gelassen«.[54]

Der Schloßgarten erstreckt sich zwischen See und Stadt von der 1788 nach der Prinzessin Friederike benannten Brücke und dem 1785 bis 1787 nach Entwürfen Erdmannsdorffs in der Form eines Stadttores errichteten Gästehaus Eichenkranz bis zu dem kleinen, pilastergegliederten Rundbau der Synagoge, der dem Portunustempel am Tiber bei Rom nachgebildet wurde und dessen Innenausstattung in der Pogromnacht des Jahres 1938 verbrannte. Er ist zugleich der älteste und am dichtesten bebaute Teil der Anlagen.

Farbtafel 10

Schon nach der ersten Englandreise des Fürsten begann in der Nähe des alten, 1698 erbauten Barockschlosses zwischen See und Kirchhof die Arbeit an einem kleinen Garten in englischer Manier. Nach einem Vorbild im Garten von Stourhead/Wiltshire ließ der Fürst durch Erdmannsdorff oberhalb des Schwanenteiches den Englischen Sitz errichten. Die sich im Palladio-Motiv öffnende und mit antiken Plastiken – die inzwischen durch Kopien ersetzt wurden – ausgestattete reizvolle Kleinarchitektur stand damit am Anfang palladianisch orientierter, frühklassizistischer Baukunst in Anhalt-Dessau.

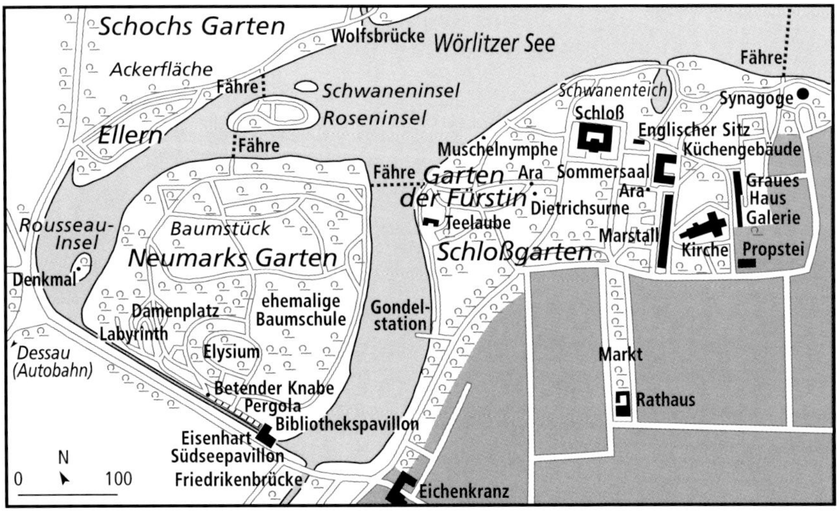

Schloßgarten und Neumarks Garten

Wörlitz, Schloßgarten: Englischer Sitz

Doch erst die zweite, über Italien und Frankreich wiederum nach England führende Studienreise der Dessauer ließ den Plan zu einer größeren und den barocken Bestand weitestgehend tilgenden Anlage reifen. Seiner Realisierung fielen das Barockschloß, die alte Propstei und Teile der zu nahe an den Schloßbezirk herandrängenden städtischen Bebauung zum Opfer. Auch der Friedhof an der mittelalterlichen Kirche mußte an seinen heutigen Platz am östlichen Stadtrand weichen.

Nach den seit 1766 laufenden Vorarbeiten wurde am 5. April 1769 der Grundstein zum Bau des Wörlitzer Schlosses gelegt. In diesem Jahr begannen auch die Arbeiten am Kasseler Fridericianum nach den Plänen des Franzosen Simon Louis Du Ry. Doch obwohl beide Architekten aus denselben Quellen schöpften und miteinander Kontakt pflegten, erscheinen Erdmannsdorffs Entwürfe im deutschen Umfeld nicht nur originärer und in ihrem Drang zur Vereinfachung konsequenter, sondern auch – und das zeichnet ihn im Kontext des europäischen Klassizismus besonders aus – inniger, naiver, beseelter. Gustav Pauli hat das angedeutet, als er Erdmannsdorff als einen Nichtakademiker bezeichnete, der »vom Ganzen des Lebens ausging und eben darum den Zünftlern überlegen« gewesen sei[55] – eine Überlegenheit, die sich auf geistig-weltanschaulichem Gebiet vor allem aus seinem Eingebundensein, ja seiner treibenden Rolle im Anhalt-Dessauischen Reformwerk begründete. Zudem besaß Erdmannsdorff durch seine Englandreisen den nicht zu unterschätzenden Vorteil des unmittelbaren sinnlichen Architekturerlebnisses.

Als Vorbild für das Wörlitzer Schloß wird inzwischen allgemein das von dem jungen Architekten Henry Holland 1763/64 erbaute Schloß Claremont in Surrey genannt. Es steht in der Tradition der palladianischen Landhäuser des verbürgerlichten englischen Adels, dessen natürliche und zugleich kulturvolle wie traditionsbewußte Lebensart Franz auf seinen Reisen so beeindruckt hatte und die er in seinem unaufwendig betriebenen Hof in Wörlitz nachzuleben suchte. So wurde
Farbtafel 8 das Schloß von den Zeitgenossen ganz bewußt als Landhaus oder gar als »englische Fabrikantenvilla« bezeichnet. Die kubische, allein durch einen vor die Fassade tretenden Portikus konzentrierte und erst 1784 durch ein Belvedere ergänzte Konstruktion wurde wegen dieser funktionalen Sachlichkeit gerühmt und fand als »Prototyp« europäische Verbreitung. Der sparsam eingesetzte, nach archäologischen Funden aus Palmyra und Baalbek gestaltete bauplastische Schmuck entfaltet in den Fensterbekrönungen eine voluminöse Plastizität, die Erdmannsdorff bei seinen späteren Schloßbauten im Luisium und Georgium nicht wiederholte. »Das größte Verdienst«, schrieb Erdmannsdorff am 5. November 1770 an Franz aus Rom über die Wörlitzer Architektur, »welches ich mir hierbey zuerkenne, ist, daß ich es so gut gemacht habe als ich es damahls konnte. Da ich die Theile davon aus schönen alten Gebäuden genommen und selbige hier mit aller Simplicität und ohne unnöthige Unterbrechung in einem erträglichen Verhältniße angewendet habe, so wird freylich der Effect davon nicht ganz unglücklich sein, zumal neben dem noch unreinen Geschmack in der Baukunst unsres Vaterlandes.«[56]

Durch die Entstehung der Anlagen am See nahm das Schloß immer weniger eine Sonderstellung ein. Schon von Anfang an hatte es sich wie die anderen Gebäude in den Gartenraum einzuordnen und war, anders als heute, »von melancholischen Schatten hoher Tannen und Weymuthsfichten umdämmert«.[57] Auch die Lindenreihen aus barocker Zeit vor der Stadtseite erlaubten immer nur partielle Durchblicke.

Letztlich entsprach der Gesamtentwurf nicht einer bloßen Mode, sondern einem gewandelten Selbstverständnis. Der Text der über dem Eingang eingelassenen Tafel kündet davon, wenn es heißt: »Liebe und Freundschaft haben es erbaut / Einigkeit und Ruhe moegen es bewohnen / So werden haeusliche Freuden nicht fehlen.« Soweit es Franz' Ehe betraf, blieb dieser Wunsch unerfüllt. Hinsichtlich der Früchte seiner Reformtätigkeit wird man dieses Ziel bei aller möglichen Einschränkung jedoch für mehr als erfüllt ansehen müssen.

Die zu beiden Seiten des Einganges in die Wandnischen eingestellten Skulpturen der Göttin des Ackerbaus, Ceres, und der Glücksgöttin Fortuna mögen sowohl auf die ganz persönlichen Erwartungen als auch auf diese allgemeineren Vorstellungen hindeuten. Der Dresdner Bildhauer Johann Christian Ehrlich schuf die Plastiken nach Vorbildern Bartolomeo Cavaceppis.

Wie das Äußere, so spiegeln auch die um einen atriumähnlichen Lichthof gruppierten Innenräume die veränderten Lebensbedürfnisse ihrer Bewohner wider. Nach dem kuppelüberwölbten Vestibül gelangt man durch den Lichthof direkt in den Festsaal, der wiederum einen unmittelbaren Zugang zum Garten besitzt. Rechts und links dieser Achse liegen die Räume, die der privaten Zurückgezogenheit und Geselligkeit dienten. Nicht die oft pompöse Treppenanlage barocker Schlösser, sondern schmale Seitentreppen führen ins Obergeschoß. Dort befanden sich Wohn- und Schlafräume für Familienmitglieder sowie für Erdmannsdorff und Berenhorst. Das Mezzaningeschoß war für die Dienerschaft gedacht. Ein durch eine kleine Dampfmaschine betriebenes Wasserleitungssystem, das zu dieser Zeit durchaus nicht selbstverständliche Bad, Aufzüge, Wandschränke und Wandklappbetten stellten bemerkenswerte funktionale Details dar, die den in England geschätzten bürgerlichen Wohnkomfort in Wörlitz einführten.

Künstlerisch orientierte sich Erdmannsdorff bei der weitgehend erhaltenen, von höchster Qualität bestimmten Innenausstattung an dem

Wörlitz, Schloß: Festsaal

vom »Vater des englischen Neoklassizismus« Robert Adam kreierten und nach ihm benannten Stil. Erdmannsdorff studierte ihn auf seinen Englandreisen in Syon House in Middlesex, Kedleston Hall bei Derby und im Osterley Park. Nach römischen Vorbildern schuf er eine in ihrer spielerischen, leichten Gebärde mitunter geradezu rokokoesk anmutende flache Stuckdekoration, die sich sowohl in der farblichen Gestaltung des Raumes als auch im Mobiliar fortsetzte. Schon kurz nach Beginn des Schloßbaues reiste Erdmannsdorff nach Rom, um im Kreis um Cavaceppi und Mengs seine Kenntnisse der antiken Kunst zu vertiefen und im Auftrag des Fürsten die Entwürfe für einen Großteil der Schloßdekoration nach antiken Originalen zu gestalten. Gegen den »viereckigten Geschmack, den die Franzosen Antick nennen«, versuchte Erdmannsdorff, sich den »gutten Geschmack der Alten eigen zu machen«.[58] Darüber hinaus ließ der Architekt Kopien von Gemälden und Skulpturen anfertigen, die dann wie die berühmte klassizistische Wedgwoodkeramik zur Ausstattung des Schlosses dienten.

Durch die Beschäftigung mit antiker Kunst floß die antike Mythologie ganz selbstverständlich in die Ikonographie der Räume ein. Das

Bildprogramm in der Flucht des Haupteinganges fasziniert durch seine intensive Verknüpfung von Privatem und Allgemeinem. Im Zentrum des Vestibüls, das spätestens seit 1818 durch den von Winckelmann als Inkarnation idealer Götter- und Menschengestalt gerühmten Apoll von Belvedere dominiert wird, stand ursprünglich lediglich ein hölzerner, von einer Schlange umwundener apollinischer Dreifuß, das Weihgeschenk an Apollo. Wie heute waren in den Wandnischen Gipsabgüsse von antiken Plastiken aus den Uffizien eingestellt: die Venus von Medici, die Venus Urania, der Götterbote Merkur und ein Satyr. Die Grisaillemalereien in den den Raum umziehenden Feldern stellen über dem Eingang eine Geburt, über der Tür zum Lichthof eine Hochzeit dar. Bis auf eine Ausnahme sind alle übrigen Motive Opferszenen. Diesen Opfermythos spricht auch Michael Huber in den Versen aus seinem *Versuch mit Gott zu reden* an, deren Text sich in den Schriftfeldern des Vestibüls findet. Es heißt dort unter anderem: »Allmächtiger, lass mich,/der Wahrheit treu,/Mein Herz in Unschuld weyhn!/O dann, dann wird nur die Natur stets neu / Und ewig reizend seyn.« Der Einklang mit der Natur ist ausschließlich in Wahrheit und Unschuld möglich. Apollo, der Gott des Lichtes, der Klarheit, des geistigen Lebens und der Künste, fordert Opfer. Durch sie wird der Weg in die Erleuchtung möglich, der hier ganz konkret in den Lichthof führt. Von dort gelangt man ungehindert in den Fest- und Gartensaal, wo an der Decke zwischen den Darstellungen der vier Jahreszeiten Bacchus und Ariadne ihren Triumphzug feiern und die Tür sich in die wirkliche Natur öffnet – als andere Alternative zur Glückseligkeit.

Der geistigen Welt der Aufklärung verpflichtet, gestaltete Erdmannsdorff die schon durch die wundervollen Wandschränke aus Lindenholz faszinierende kleine Bibliothek. Der Blick gleitet über die Schränke, deren Türen Reliefs mit den Symbolen Merkurs, Minervas und Apollos tragen, hinauf zu den Wänden, an denen um Allegorien der Dichtkunst, des Theaters, der Juristerei und der Pädagogik die Köpfe und Namen der Männer versammelt sind, die für die Dessauer Bedeutung hatten, mit denen man zum Teil bekannt oder befreundet war und die selbst in Anhalt-Dessau wirkten. Die Fensterwände gehören den Vertretern von Kunst, Architektur, Archäologie, Religion und Philosophie. Das Ganze wird bekrönt von einer Decke, die in vier Stuckreliefs Sinnbilder der Rechtswissenschaft, der Geschichte, der Weltweisheit und der

Dichtkunst zeigt. Zwischen ihnen sind ein Tierkreis als Zeichen der ältesten Wissenschaft Astronomie und die Sonne als lebensspendende und erleuchtende Kraft zu erkennen.

Der Speisesaal hat den übrigen Räumen des Schlosses voraus, daß er sich sowohl in der Fensterfront als auch zum Lichthof – dort durch ein Fenster in der Anrichtennische – nach außen öffnet. Die korinthischen Säulen, die die Nische vom Saal abtrennen, lassen diesen gleichsam vor einer Tempelfassade liegen. Neben seiner Funktion als heller, mit praktischen Möbeln ausgestatteter Speiseraum ist er zugleich Ahnengalerie. Franz tritt hier als amtierender Fürst im Gegensatz zu seinen Vorgängern nicht in militärischer Uniform auf, sondern als schlicht gekleideter Edelmann vor arkadischer Landschaft, als »Friedensfürst«, wie ihn die Zeitgenossen verehrten. Die feine, durch Rahmen gegliederte Deckenstukkatur hebt mit den Darstellungen des Krieges, des Friedens und der mit Engelsflügeln und Palmwedel auf dem Wagen einfahrenden Siegesgöttin das dynastische Thema ins Allgemeine.

Zum Teil sehr direkt, mitunter eher beiläufig, nimmt auch die Gestaltung der übrigen Räume des Erdgeschosses auf ihre Funktion oder ihre Verbindung zu zeitgenössischen Personen Bezug. Eines der neben dem Festsaal liegenden Langzimmer ist hauptsächlich mit Kopien verehrter italienischer Meister (Tizian, Domenichino, Guido Reni), das andere mit Werken von Peter Paul Rubens und seiner Schule sowie Antoine Pesnes ausgestattet. Das Deckenfresko des Konzertzimmers verweist mit seinen zartfarbigen Musizierenden und Tänzerinnen wiederum direkt auf die Aufgabe des Raumes, während sich das ihm entsprechende Eckzimmer neben dem Speisesaal außer zahlreichen Darstellungen römischer Ruinen vornehmlich Szenen mit weiblichen Gestalten der christlichen und antiken Mythologie zuwendet. Dem Mythos der Liebesgöttin Venus widmet sich die Ausstattung des Kabinettes der Fürstin vor ihrem Schlafzimmer, das im Vergleich zu dem des Fürsten recht pompös ausgestattet ist. Während hier das in einer Nische zur Zeugung des Stammhalters thronende erhöhte Bett die schon als zerrüttet empfundene Beziehung wenigstens in dieser Hinsicht zu beschwören scheint, gleicht das Zimmer des Fürsten fast einem modernen Raum für einen Alleinstehenden. Der funktionale Zeichentisch und das nach seinen eigenen Ideen gebaute, nicht weniger praktische »study bed« sind die wichtigsten Möbel. Einige Wand- und Stuckdekorationen weisen auf

Wörlitz, Schloß: Bibliothek

Wörlitz, Schloß: Speisesaal

Jupiter hin. Das runde Deckengemälde zeigt den Knaben Ganymed, wie er von Zeus in Adlergestalt geraubt wird, um als Mundschenk den Göttern zu dienen. Es scheint, als wollten diese Darstellungen auf die Ambivalenz im Leben des Fürsten anspielen, der sich zugleich als Herrscher und Diener des eigenen Staates empfand.

Das in der kurzen Zeit bis 1773 fast völlig fertiggestellte Schloß gilt als Gründungsbau des Klassizismus in Deutschland und machte bald über die Grenzen hinaus Furore. »Dies sein Meisterwerk!« rief August von Rode mit Blick auf Erdmannsdorff aus. »Alles was Kunst, Wissenschaft und Einbildungskraft vermochten, scheint er hier angewendet zu haben. Anordnung, Einrichtung, Übereinstimmung, Ebenmaß, Schicklichkeit und Konstruktion lassen nichts zu wünschen übrig. Die Verzierungen überraschen durch ihre Neuheit, durch ihre Auswahl, durch ihre Schönheit. Pracht schimmert nirgends. Ein zaubrischer Reiz ist über das Ganze verbreitet.«[59]

Parallel zur Errichtung des Schlosses setzten sich die Arbeiten an den Parkanlagen und -architekturen bis ins folgende Jahrhundert fort. Von den verheerenden Deichbrüchen 1770/71 nur wenig betroffen, blieb im Schloßgarten wie in Neumarks Garten der frühe Wörlitzer Stil erhalten.

Nach 1771 entstand im westlichen Teil des Parkes der Garten der Fürstin als Blumengarten mit Fasanerie, Gartenpavillon und Gondolierhaus, das 1830 durch eine Teelaube ersetzt wurde. Die der antiken Knöchelspielerin aus der Villa Borghese nachgebildete Skulptur der Muschelnymphe zwischen zwei Sandsteinvasen und vier Pappeln unterstrich den persönlichen Bezug der Regentin zu dieser Anlage, die in ihrer heutigen Form einer nochmaligen Überarbeitung der 20er Jahre des 20. Jahrhunderts verpflichtet ist.

In direkter Korrespondenz zum landhausartigen Schloß entwarf Erdmannsdorff das in den Hochwasserjahren errichtete Ensemble von Sommersaal und Küchengebäude, das durch einen unterirdischen Gang mit dem Schloß verbunden ist. In der Kombination der beiden Bauwerke wird das Motiv der Stilpluralität beziehungsweise -parallelität erstmals realisiert. Schwingt zwischen den bereits klassizistisch aufgefaßten Flügeln des Sommersaales in der Mittelpartie eine noch rokokoeske Leichtigkeit, so mischt sich in den Giebeln des Küchengebäudes gotisches Formengut mit dem der Renaissance.

Wörlitz: Kirchhof, neugotisches Ensemble

Mit dieser Fassade war der Anfang gesetzt für die sich nach und nach um den Kirchhof gruppierenden Architekturen, die laut Erhard Hirsch das großartigste neugotische Ensemble jener Zeit in Deutschland darstellen.

Vermutlich schon 1775/76 ist das die Westflanke des Kirchhofes verlängernde Marstallgebäude entstanden. Der französischen Hochgotik entlehnte Blendnischen mit Kleeblattbögen gliedern Süd- und Ostwand. Der Südgiebel besitzt zudem eine klassizistische Torrahmung. Zwischen 1785 und 1787 datiert der römischen Vorbildern nachempfundene und von Erdmannsdorff entworfene Sarkophag. Er nahm die Gebeine der einst hier Beerdigten auf. 1787 folgte der antikisierend-neugotische Brunnen. In sparsamer gotischer Dekoration englischer Provenienz wurde 1789 das Graue Haus als Wohngebäude für die Fürstin Luise errichtet. Zum Grauen Haus gehörte eine gotische Blendbogenmauer, die man 1804/05 in die Galerie integrierte. Für Luise als überdachter »Spaziergang« konzipiert, erhielt sie eine Ausmalung von Carlo Ignazio Pozzi und wurde mit Kupferstichen ausgestattet. Sie

Wörlitz, Kirche: Blick zum Altar

dient heute wieder als Ausstellungsraum. 1796 folgte die Propstei und 1805 bis 1809 der Bau der imposantesten der neugotischen Kirchen des Gartenreiches, vermutlich nach bereits vorhandenen Plänen Erdmannsdorffs.

»Ja, du bist Wegweiser zum Himmel«, hatte der russische Fürst Nikolaus Abramowitsch Putjatin im Angesicht des Wörlitzer Kirchturmes ausgrufen, »ein Wunder der Zeit und der Kunst!«[60] Von der im Kern noch romanischen Kirche der einstigen Burgwardpfarre der Sorbenzeit gingen neben einigen anderen Teilen die Umfassungsmauern des Langhauses, die westlichen Vierungspfeiler mit dem Triumphbogen sowie ein etwa fünf Meter hoher Turmstumpf in die eilig betriebene Neukonstruktion ein. Gelang es am Außenbau, die romanischen Spuren weitgehend zurückzudrängen, so entfaltet der gedrungene, ländliche Triumphbogen im Innern trotz gotischer Dekoration noch immer seine Kraft. Womöglich wurde auch hier wie andernorts ein Nebeneinander versucht. Die überzeugendste und schönste Lösung dessen, was Franz und seine Architekten erstrebten und durch die Zusammenstellung oft zufällig erlangter Vorlagen zu realisieren suchten, scheint jedoch im Chorraum gefunden. Hier herrscht der in der englischen Gotik typische Widerstreit vertikal drängender und horizontal beharrender Formen. Diese Eigentümlichkeit kommt selbst bei dem bis in 60 Meter Höhe hinaufsteigenden Kirchturm zum Ausdruck. Dort wird die aufwärtsstrebende Bewegung sowohl durch die vier Fialtürmchen als auch durch zwei Umgänge um die Spitze und die zwischen Fialen und Helm eingefügten Bögen aufgefangen.

Farbtafel 7 Heute wie vor 200 Jahren empfängt das strenge Pappelrund der Rousseau-Insel gleich einem Ausrufezeichen den über den Hauptzufahrtsweg anreisenden Besucher der Wörlitzer Anlagen. Die exponierte Lage läßt ein Bekenntnis für den Mann vermuten, den Voltaire für einen der unglücklichsten, weil bösesten Menschen mit Blut aus einer Mischung von Vitriol und Arsenik hielt. Doch scheint Franz' Besuch bei Rousseau in Paris am 16. Oktober 1775 angenehm verlaufen zu sein. So entwarf der Fürst für den Philosophen einen seiner lakonischen Sprüche für das Postament der Sandsteinurne: »Dem Andenken J.-J. Rousseau / Buergers zu Genf / der die Witzlinge zum gesunden Verstand / die Wolluestigen zum wahren Genuss / die irrende Kunst zur Einfalt der Natur / die Zweifler zum Trost der Offenbarung / mit maennlicher Beredsamkeit zurueckwies / er starb d. II. Jul. MDCCXXVIII.« Praktiker und Pragmatiker, die die Dessauer waren, richteten sie sich den wilden Jean-Jacques nach ihrem Bilde und nahmen sich aus seiner Philosophie – wie bei den historischen Architekturvorlagen – heraus, was vor allem ihren eigenen Intentionen entgegenkam. Auch Franz stand der Rousseauschen Pädagogik durchaus kritisch gegenüber. Es mag am ehesten die grandiose Verherrlichung des Natürlichen durch den Franzosen gewesen sein, die den sinnlich-vitalen Fürsten beeindruckte. Sie bildete den philosophischen Hintergrund für die Sturm- und Drangbewegung sowie die Entdeckung des Ichs, stellte aber auch den entsprechenden geistigen Überbau für den englischen Garten, der nach Emil Ermatinger »eher lebensverneinend« war: »Trauer, Schwermut; im besten Fall die zwischen Freude und Leid schimmernde Wehmut. Man liebte es, die dunklen Gefilde des Naturlebens aufzusuchen und schwärmte in süßer Selbstauflösung für Nacht und Tod, Trauer und Grab.«[61]

Daß Franz mit Wörlitz wie mit seinen anderen Gärten über diese bloße Empfindungsebene hinausging, indem er seine Schöpfungen in volkspädagogischer Absicht mit aufklärerischem Ideengut anreicherte, beweist auf ganz eigene, sehr direkte Art Neumarks Garten. Die in ihrer Grundstruktur zwischen 1764 und 1775 entstandene und anfangs hauptsächlich als Wirtschaftsgarten genutzte Anlage – einzelne Flurnamen und eine einem antiken Sarkophag nachgebildete Sandsteinbank mit einer Szene aus der Obsternte weisen darauf hin – ist geprägt von schmalen Schlängelwegen, kleinen Räumen und einem den ganzen Park nach englischem Vorbild umziehenden »beltwalk«, einem Umgangsweg. Dem insularen Muster eines sogenannten »Aha«, eines in der Landschaft nicht sichtbaren Grenzgrabens, folgt auch der zwischen Garten und Straße ausgehobene Kanal.

Dieser Graben, der unbefugtes Eindringen verhindern sollte, grenzt an das »Labyrinth«. »Ein sehr unschuldiges und keines ariadnischen Fadens bedürftiges Duodez-Dingelchen von verschlungenen Laubgängen, wobei Sinnbilder und Inschriften zur Lebensweise eben nicht gespart sind«, spöttelte Carl August Boettiger in seiner Reisebeschreibung.[62] Das Labyrinth war als Symbol für das von Irrtümern begleitete

Wörlitz, Neumarks Garten: Porträtbüste von Johann Kaspar Lavater

menschliche Leben, respektive das des Fürsten, gedacht. Ein Rondell mit den von Martin Gottlieb Klauer gearbeiteten Büsten Johann Kaspar Lavaters und Christian Fürchtegott Gellerts versinnbildlichte den Einfluß bedeutender Personen. Die Venus Lamia, ein in eine Venus verwandeltes kindermordendes Ungeheuer, warnte drastisch und unmißverständlich vor den möglichen Folgen eines falsch eingeschlagenen Weges.

Auf dem 1781 bis 1784 von Erdmannsdorff errichteten Eisenhart, jenem mit Raseneisenstein verkleideten Kunstfelsen, der zugleich den Grenzgraben von der Straße in den Garten überbrückt, dienten der Bibliotheks- und der Südseepavillon einer mehr theoretischen Bildung. Anhand der in der Bibliothek greifbaren Literatur sollte sich der Besucher über den geistigen Hintergrund der Wörlitzer Anlagen informieren können. Der Südseepavillon war als einer der frühesten Museumszweckbauten eigens für die 1775 vom Weltreisenden Johann Georg Adam Forster erworbene ethnographische Sammlung entworfen worden. Er holte so unbekannte Welten in die Wörlitzer Provinz. Seine Fundstücke waren – wie die vielen gestaltgewordenen architektonischen Reiseeindrücke – Ausdruck des universellen Interesses der Schöpfer des Dessau-Wörlitzer Gartenreiches.

Vis-à-vis vom Schloßgarten entstand am Nordufer des Wörlitzer Sees schon seit 1764 der nach dem Gärtner Johann Leopold Ludwig Schoch benannte Garten. Den Gärtner, dem die Anlage bis zu seinem Tod anvertraut war, ließ Franz hier beerdigen. Er war der Vater von Luise Schoch, mit der Franz durch Vermittlung und mit Duldung der Fürstin eine Nebenehe führte, aus der fünf Kinder hervorgingen. *Farbtafel 9*

Die 1767/68 von Erdmannsdorff in den ehemaligen Eiskeller gebaute Parkkulisse des Nymphaeums ist das architektonische Pendant zum Englischen Sitz auf der Schloßseite. Mit der Kopie des Greifen-Kandelaber-Frieses vom Antoninustempel in Rom auf dem Architrav erhielt der von Winckelmann angeregte »archäologische Klassizismus« in Erdmannsdorffs Schaffen erstmals sichtbaren Ausdruck. Statt des Gipsabgusses der antiken Plastik eines sich salbenden Ringers befand sich hier ursprünglich die Skulptur einer Venus und stimmte auf den Eintritt in den Gartenbezirk ein, in dem die Vision einer Einheit von Mythos, Religion, Kunst, Geschichte, Wirtschaft und Alltagsleben beziehungsvolle Realität werden sollte.

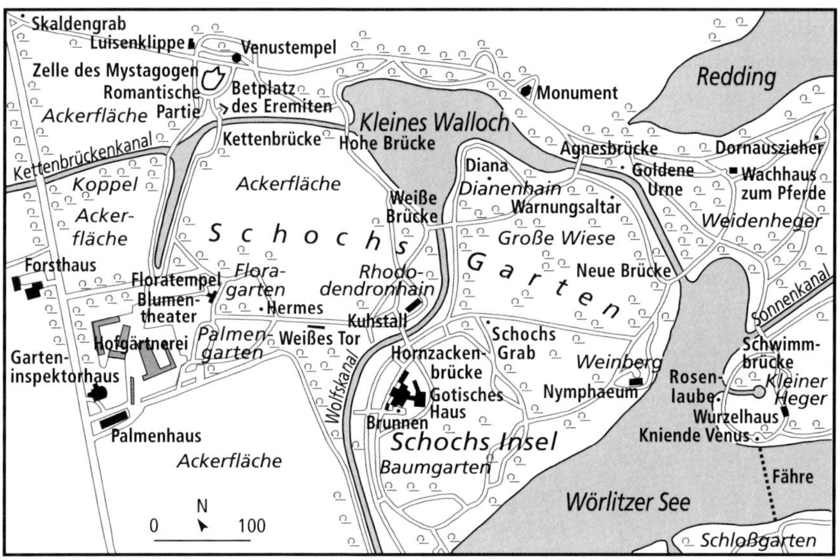

Schochs Garten

Carl Kuntz: Das Nymphaeum in Woerlitz, *1800*

Anders als in Neumarks Garten und im Schloßgarten richteten die Wassereinbrüche der Jahre 1770/71 in Schochs Garten großen Schaden an. Doch bot sich dadurch auch die Chance eines von den »Mängeln« der früheren Anlage befreiten, großzügigeren, von neuen Erfahrungen gespeisten Beginnes.

An der Stelle des von einer Zinnenmauer umgebenen Gärtnerquartiers entstand als künftiges Lebenszentrum des Fürsten das Gotische Haus. Anders als beim Schloß war hier auch aus der engsten und vertrauten Umgebung nicht nur Zustimmung zu vernehmen. »Das Schloß stand da im Schmucke Griechischer Baukunst. [...] Zufrieden, in seinem Werke sich selbst der Mitwelt gezeigt zu haben, faßte er jetzt den Entschluß, sich aus derselben gleichsam zurückzuziehen, und in der Mitte seiner ruhmvollen Vorfahren mit der Vorwelt sich selbst zu leben. Er erbauete das Gothische Haus und versammelte darin um sich alles, was dazu dienen konnte, seinen Geist in die Vorwelt zu versetzen.«[63] Gelingt Rode hier noch eine sachliche Beschreibung, kann er seine Vorbehalte an anderer Stelle nicht verschweigen.

Die Kritik galt nicht nur dem scheinbaren Rückzug und der Beschäftigung mit der eigenen Genealogie sowie mittelalterlicher Kunst. Sie erstreckte sich wie die allgemeine, sich erst um 1800 wendende Stimmung gegen die angeblich regellose Gotik eines als in jeder Hinsicht dunkel begriffenen Mittelalters, dem man die Vernunftkonstruktionen eines lichten Klassizismus entgegensetzte. »Man merkt daran alle das Mühsame, Gezierte, Seltsame und einigermaßen Abentheuerliche, mit der unbegreiflichen Verschwendung der Arbeit, welches den Gothischen Geschmack charakterisiert.«[64]

Das zeitgenössische, hauptsächlich durch Winckelmann vermittelte Weltbild gab die Lebensumstände in der Antike beziehungsweise im Mittelalter jedoch keinesfalls wirklichkeitsgetreu wieder, denn weder war das Mittelalter »dunkel« noch die Welt der Griechen ausschließlich bestimmt von »edler Einfalt und stiller Größe«, die per Architekturkopie in die Gegenwart transformiert werden konnte. Sowohl dem feingeistigen Erdmannsdorff, dessen Beteiligung an der Dessauer Neugotik lange bestritten und unterschätzt worden ist, als auch dem praktischen, mit den Kämpfen zwischen Fleisch und Geist bestens vertrauten Franz wird man bei aller Verehrung, die sie Winckelmann zeitlebens entgegenbrachten, ein Ahnen der beschränkten Genialität des Konzeptes eines »der gewaltigsten Schulmeister [...], die das deutsche Volk

Johann Friedrich Nagel: Das Gothische Schloß im fürstl. Garten zu Wörlitz, *um 1790*

und die Welt gehabt hat«,[65] zugestehen müssen. Das durch die Aufklärung geforderte universelle Interesse dieser Generation bildete für diese Einstellung eine hinreichende Grundlage, sah es doch in den Zeugnissen asiatischer Kulturen ebenso ein Zeichen für eine harmonische Gesellschaft, wie es von den aktuellen technischen und ökonomischen Leistungen in den Musternationen Niederlande und England beeindruckt war. Im konservativ-fortschrittlichen England, in das Franz als junger Mann mit seiner bürgerlichen Geliebten hatte fliehen wollen und das er später als seine zweite Heimat bezeichnete, floß alles Vorbildliche zusammen: der antike Traditionen aufnehmende Neopalladianismus, die gotische Architektur, eine faszinierende Kultur- und Gartenlandschaft, hochstehender, doch natürlicher Lebensstil, Geschichtsbewußtsein und eine aufstrebende Wirtschaft. Die Entwicklung des naturnahen Gartens war auf der Insel zudem mit einer Wiederbelebung der Gotik einhergegangen. Sie wurde dort unter anderem als naturhafter, aus der Nachahmung lebender Bäume entstandener Stil betrachtet, eine Deutung, die in Deutschland ebenfalls aufgegriffen werden sollte.

Auch Rodes Vorwurf eines Rückzuges trifft nur bedingt. »Der Herzog«, schrieb sein Biograph Reil, »lebte überhaupt in Wörlitz ganz sich und seinen Privatvergnügen, wie ein Familienvater unter seinen Kindern. [...] Er betrachtete sich am liebsten wie einen englischen Lord, der, sich auf einige Zeit von Staatsgeschäften zurückziehend, im Kreis seiner Familie das Landleben genießt. Täglich speiste er im Gotischen Haus, wo er in engen, aber kostbar in mittelalterlicher Art ausgestatteten Räumen wohnte [...], mittags und abends mit Frau von Bäringer [Luise Schoch, geadelt] und ihren liebenswürdigen Töchtern. [...] Kamen vornehme Fremde oder fürstliche Personen zum Besuch nach Wörlitz, [...] dann war große Tafel im Schlosse. [...] Dann machte der Lord dem Fürsten Platz [...].«[66]

Der »Lord« war außerdem immer auch Landwirt, Gartengestalter und Kunstsammler. Bis in die 90er Jahre des 18. Jahrhunderts bestand am Gotischen Haus ein landwirtschaftlicher Betrieb. Der»Kuhstall« – heute die Gärtnerwohnung – in unmittelbarer Nähe weist darauf hin. Hier weideten Kühe, gab es einen Kleediemen, wurden moderne landwirtschaftliche Geräte vorgeführt. Auf der heutigen Koniferenwiese vor der Gartenseite standen Obstbäume und Maulbeeren für die Seidenraupenzucht. Wann immer es möglich war, überwachte der Fürst die Arbeiten im Garten, erteilte Anweisungen und scheute sich nicht davor, selbst Hand anzulegen.

Als Kunstsammler und Historiker rettete er Teile der um 1750 abgerissenen Flügel des Dessauer Stadtschlosses und ließ sie im Gotischen Haus einfügen. Die Ausstattung des Zimmers neben dem Eingang stammt fast zur Gänze aus dem von Rochus Graf zu Lynar und Peter Niuron erbauten Seitentrakt der Dessauer Residenz aus dem späten 16. Jahrhundert. Die um 1685 entstandene Decke im Gartensaal stellt die Apotheose der Fürsten Johann Georg II. von Anhalt-Dessau, Friedrich Heinrich und Wilhelm III. von Oranien dar.

Die mit viel Sachkenntnis von Franz über Jahre zusammengetragene Sammlung, der Carl August Boettiger in distanzierter Bewunderung höchsten »Geschmack im Ungeschmack«[67] nachsagte, umfaßte neben allerlei Kriegsgerät, Möbeln, Porzellan, Glas und unterschiedlichster Kleinkunst eine unübersehbare Zahl von Gemälden und Graphiken, die sämtliche Wandflächen bedeckten. Viele wertvolle Stücke dieser Kollektion gingen durch die Fürstenabfindung, die Überweisung an das Anhaltische Landesmuseum im Schloß Zerbst und den Krieg verloren.

Erhalten blieben glücklicherweise unschätzbare Exponate vor allem der Schweizer Glasmalerei. Die Sammlung, anhand derer man die Geschichte der Kabinettscheibenmalerei vom 15. bis zum 17. Jahrhundert verfolgen kann, gilt als eine der bedeutendsten ihrer Art. Eingefügt in die gotischen Fensterordnungen sind die Scheiben zu einem lebendigen Bestandteil der Innenausstattung des Gotischen Hauses geworden. So birgt das über die ganze Breite reichende Fenster des Rittersaales 18 Scheiben mit Bannerträgern der »alten«, der »zugewandten« und der befreundeten Städte der Schweizer Eidgenossenschaft, die zwischen 1572 und 1575 in der Werkstatt des in Zürich tätigen Glasmalers Jodokus Murer angefertigt wurden.

Im übrigen entfaltet sich in den auf den ersten Eindruck von neugotischen Formen dominierten Räumen ein oft reizvolles Ineinander von gotischen und klassizistischen Elementen, wie man es in dieser Dichte sonst nirgendwo im Gartenreich findet. So besitzen die weitgehend gotisch wirkenden »Kabinette« einige der wundervollsten klassizistischen Decken nach Entwürfen Erdmannsdorffs.

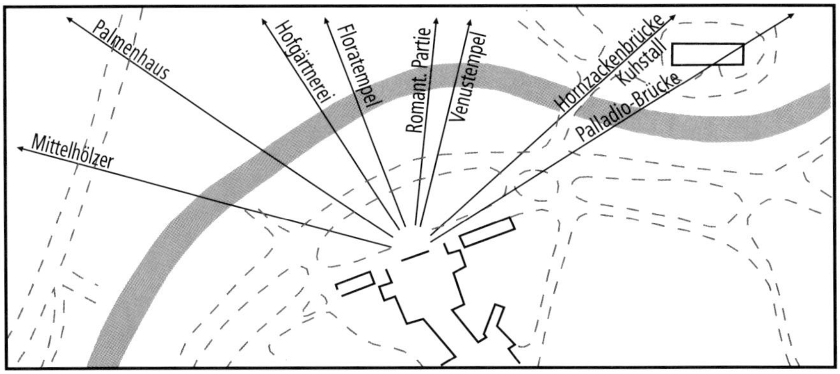

Sichtenfächer, Kanalseite des Gotischen Hauses

Hier stellt sich die schon verschiedentlich berührte Frage, ob die Dessauer Reformer einen Widerspruch zwischen Klassizistischem und Gotischem nicht spürten und deswegen das Ineinander und Nebeneinander der Stile für sie nur natürlich war oder ob sie einen Gegensatz sehr wohl empfanden und die Verbindung von Gotik und Klassizismus, in denen sie jeweils Teile ihres Wesens verkörpert sahen, als Versöhnung begriffen.

Der erste Bau des Gotischen Hauses enthält zwei der in diesem Zusammenhang noch heute aufschlußreichsten Räume: das Arbeitszimmer (Steinkammer) und den sogenannten Kirchensaal, dessen gekuppeltes, heute als Tür genutztes Mittelfenster ursprünglich zum Schloß hinübersah. Das Arbeitszimmer mit seiner gewölbten, nach einem antiken Vorbild dekorierten Holzdecke und den in die Wandvertäfelung eingefügten Stichen nach Raffael ist ganz dem Klassizismus verpflichtet. Der Kirchensaal wird von Wandbildern großer gotischer Kathedralen und Ruinen sowie von illusionistischer gotischer Malerei beherrscht. Vielleicht ist der Umstand, daß im Gartenreich keine klassizistische Kirche entstand, ein weiteres Indiz für eine zumindest im Unterbewußtsein vorhandene Neigung, bestimmte Lebensbezirke mit verschiedenen Stilformulierungen zu identifizieren.

Auch das Äußere des über einen Zeitraum von 40 Jahren in scheinbar historisch gewachsener, mittelalterlicher Winkligkeit erbauten Gotischen Hauses spiegelt diese stilistischen Eigenheiten. Bezeichnenderweise wählte der Klassizist Erdmannsdorff für die dem Wolfskanal zugewandte Seite des 1773 bis 1774 erbauten ersten Hauses Madonna dell' Orto in Venedig zum Vorbild, also Italien, wo das klassische Element noch unter der üppigsten gotischen Dekoration spürbar bleibt. Der von 1785 bis 1790 angefügte Gartenflügel präsentiert sich, freilich in den Seitenflügeln durch an Renaissanceformen erinnernde Rundgiebel modifiziert, als phantasievolle, vornehmlich verschiedenen Stufen der englischen Gotik entlehnte Komposition. *Farbtafel 12* *Farbtafel 13*

Schochs Garten ist als Natur-, Garten-, Architektur- und Ideenkomposition zweifellos die reifste und eigenste Leistung der Wörlitzer Anlagen. Er besitzt seine Schwerpunkte außer im Gotischen Haus im Floragarten und der anschließenden Hofgärtnerei, der Romantischen Partie mit dem Venustempel, dem Monument und einem der großartigsten Sichtenfächer am Sitz über der Goldenen Urne. Typisch für die Wörlitzer Gartengestaltung sind Galeriepflanzungen. In Schochs Garten umschließen sie eine große Ackerfläche und das Wasser des Kleinen Wallochs. In den Neuen Anlagen prägt sich dieses Stilelement noch deutlicher aus. *Farbtafel 11*

»Aus unseren englischen Anlagen«, schrieb Boettiger 1797 in seinem Reisebericht, »sind die Blumenparterre mit allzu großer Intoleranz

Heinrich Theodor Wehle: Flora Tempel in Woerlitz, *1801*

verbannt worden. Es kömmt nur darauf an, daß man ihnen feste Beziehung und Zusammenschließen auf ein Ganzes geben kann, und Rabatten und Blumenbeete werden an ihrem rechten Ort sein.«[68] Franz fand diesen Platz zwischen den zwei Ackerflächen von Schochs Garten. In direkter Blickachse zum Gotischen Haus ließ er dort von 1796 bis 1798 von Erdmannsdorff den klassizistischen Floratempel nach dem Vorbild des antiken Tempels über der Quelle des Clitumnus zwischen Foligno und Spoleto errichten. Nachbauten hatten die Dessauer bereits in Stowe und Stourhead gesehen. Der auf einem rustikaähnlich gearbeiteten Sandsteinunterbau aufgesetzte und von Johann Fischer dem Thema gemäß ausgemalte Tempel mit der römischen Kopie einer Gewandstatue aus dem 2. Jahrhundert vor Christus, die als Flora zurechtgemacht ist, war als Musiksalon eingerichtet worden. Was im harmonischen Zusammenklang von Tempel, Blumengarten und Blumentheater entstand und durch die Musik noch veredelt wurde, war ein mitreißendes Fest für die Sinne, gleichsam ein Widerwort auf die Entgegnung, die das Gotische Haus für das klassizistische Schloß bedeutet hatte.

Palmengarten und südlicher Floragarten entstanden im ersten Viertel des 20. Jahrhunderts. Auf dem Gelände der angrenzenden Hofgärtnerei befand sich im 18. Jahrhundert der berühmte Wörlitzer Baumgarten, die »Schatzkammer«, aus der Franz wie der Maler von seiner Palette die Farben seines Gartens aussuchte.

Schon kurz nach dem Besuch Boettigers wurden am Baumgarten Garteninspektor- und Palmenhaus als gotisierende Parkkulisse der Straße nach Coswig errichtet. Das in verwandten Formen realisierte Forsthaus auf der anderen Seite der Chaussee stammt vom Anfang des 20. Jahrhunderts. Das Palmenhaus, 1923 abgebrannt und wieder originalgetreu aufgebaut, besitzt eine Südfassade ganz aus Glas. Es markiert für Anhalt-Dessau den Übergang von der Orangerie zum funktionalen Pflanzenhaus, in dem die Palme die Orange verdrängte.

Die wohl als zusammengehöriges Ensemble zu betrachtenden, um die Romantische Partie gruppierten Architekturen der Kettenbrücke, der Luisenklippe, des Venustempels und des zwischen letzteren liegenden Tales Elysium gehören zu den merkwürdigsten Schöpfungen des Fürsten, der hier »mit unförmlichen großen Granitblöcken und Wakken«[69] Grotten und Felsenwerk der Natur nachgekünstelt hat. Dem Endergebnis stand Franz später womöglich so wie dem »Stein« eher

Carl Kuntz: Der Venus Tempel zu Woerlitz, *1799*

Johann Friedrich Nagel: Die Kettenbrüche im fürstl. Garten zu Wörlitz, *um 1790*

Wörlitz, Schochs Garten:
Sichtachse von der Wolfsbrücke über den Wolfskanal und das Weiße Tor zum Venustempel

skeptisch gegenüber, denn einige der Grotten sind nie fertig ausgestattet worden.

Nachdem man die laut rasselnde, von William Chambers und vergleichbaren Konstruktionen in China und der Schweiz angeregte Kettenbrücke überquert hat, folgt der Abstieg zur Einsiedelei und zum Betplatz des Eremiten, der ursprünglich mit Aschekrügen und Knochenresten dekoriert war. Wohl als Alternative ist die Zelle des Mystagogen gedacht, der nach den freimaurerischen Gebräuchen in die heiligen Glaubenssätze und Prüfungen einweiht. Zwei weitere Grotten, die dem Vulkan, also dem Feuer, Neptun und Äolus, Wasser und Luft, gewidmet sein sollten, sind nie vollendet worden. Dasselbe Thema griff Franz in den Grotten unter dem Venustempel auf, in denen man aus der Erde durch Feuer, Wasser und Luft zur göttlichen Venus emporsteigt. Der zehnsäulige Monopteros mit einem Gipsabguß der Venus von Medici entstand 1794 nach einem Entwurf Erdmannsdorffs. Er ist damals »schließender Gesichtspunkt von mehr als 40 Ansichten aus verschiedenen Teilen des Gartens«[70] gewesen. Die am anderen Ende des Tales Elysium liegende Luisenklippe war offenbar als Gegengewicht gedacht. In der Klippe führte ein geheimer Gang in ein verstecktes Zimmer, wo eine durch eine Drehvorrichtung bewegliche Pappmachéstatue nach Jean-Antoine Houdons *Frierender* stand. Die Anlage erscheint so als Ort geistiger und sinnlicher Liebe, appollinischen und dionysischen Lebens.

Als Stätte historischer Erinnerung auf dem dafür eigens erhöhten Elbwall, in direkter Blickverbindung zum Schloß, ist zwischen 1801 und 1805 das Monument errichtet worden. Der unregelmäßig achteckige, aus Feldsteinen und Findlingen aufgetürmte Bau trägt auf seinem Plateau eine römische Granitsäule aus dem 1. Jahrhundert nach Christus, so daß es naheliegt, an Ahnenkult zu denken. Dieser Eindruck wird jedoch relativiert durch die sachlichen und lapidaren Skizzen, die Franz im Innenraum von seinen »vorfahren« entworfen hat, indem er jedem der von Friedemann Hunold geschaffenen schlichten Reliefbrustbilder einen kurzen Text beifügte. So würdigt er den Alten Dessauer als »schoepfer der preußischen kriegszucht« und »staatswirtschaftler«, seinen Vormund Fürst Dietrich als »menschenfreundlich, grossmuthig, tapfer« und seinen Sohn, Erbprinz Friedrich, als »des regierenden vaters treue und kraeftige stuetze in stuermischer zeit«.

Farbtafel 9

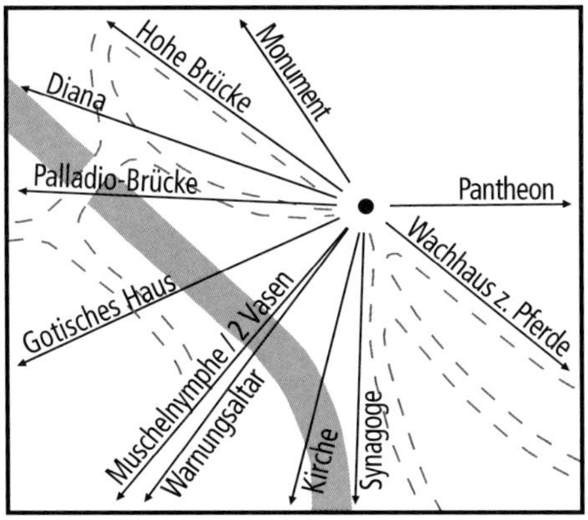

Sitz an der Goldenen Urne, Sichtenfächer

Schon 1769 war nach einem Entwurf Erdmannsdorffs das Stimmungsbild an der Goldenen Urne zum Gedenken an die ein Jahr zuvor geborene, doch nur wenige Stunden am Leben gebliebene Tochter des Fürsten gestaltet worden. Vom Sitz über der Urne erschließt sich einer der schönsten und zugleich beziehungsreichsten Sichtenfächer des Gartens. Während an den Rändern des Fächers Monument und Pantheon erscheinen, im Zentrum der nahe Warnungsaltar zum Schutz von »natur und kunst« auffordert, zeigen sich in schmalen, tiefen Einblikken nebeneinander Synagoge, Kirche und in einem breiteren Durchblick die Muschelnymphe zwischen den zwei Vasen als ein in den Garten umgesetztes Bild aufgeklärter Toleranz.

Farbtafel 10

Der durch den Sonnenkanal geteilte Garten auf dem Weidenheger wurde zwischen 1781 und 1784 auf im wesentlichen durch Aufspülungen der Hochwasser 1770/71 entstandenem, trockengelegtem Sumpfgelände eingerichtet und war ursprünglich durch Weiden und eine Allee mit den für Anhalt-Dessau typischen Pyramidenpappeln geprägt, eine Bepflanzung, die während des 19. Jahrhunderts völlig verändert worden ist.

Dem Weidenheger schließen sich im Osten die Neuen Anlagen an, in denen weite, von Galeriepflanzungen, Kanälen und Wegen durchzogene Feldareale als riesige, über die Jahreszeiten die Farbe wechselnde Licht- und Blickflächen zu beherrschenden Gestaltungselementen aufgewertet wurden und damit der Utopie eines »Gartenlandes« am nächsten kamen. Auf den Feldern dieses anfänglich noch durch Obstbäume bereicherten Terrains führte man den Besuchern beispielhafte landwirtschaftliche Produktionsmethoden vor.

Anders als in den übrigen Parks, die Franz entwarf, tritt in den Neuen Anlagen ein Gärtner, der hochbegabte und vom Fürsten geförderte Johann George Schoch, als Architekt in den Vordergrund. Entscheidend durch Reisen nach Frankreich und England beeinflußt, entwickelte er sich bei seiner Arbeit in den zwischen 1790 und 1800 geschaffenen Anlagen zu einem der fähigsten deutschen Gartengestalter seiner Zeit.

Nur an zwei weit auseinanderliegenden und inhaltlich doch sehr verwandten Stellen setzen bedeutsame Gebäude Akzente. Über dem durch Sonnen- und Georgenkanal mit dem Wörlitzer See verbundenen Gro-

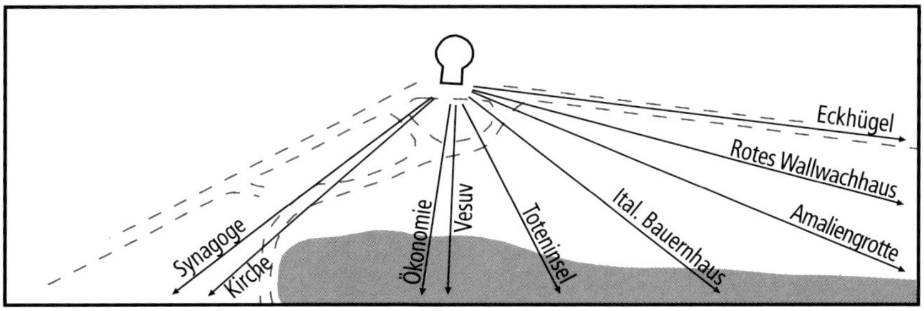

Pantheon, Sichtenfächer

Carl Kuntz: Das Pantheon zu Woerlitz, *1799*

ßen Walloch erhebt sich das Pantheon als Reminiszenz an den größten antiken, unter Hadrian erbauten und allen Göttern geweihten Kuppelbau. Ihm steht am anderen Ende der Anlage der Stein als Denkmal einer lebenslang beschworenen Italienerinnerung gegenüber.

Farbtafel 14 Das »den freunden der natur und kunst« gewidmete Pantheon ist von 1795 bis 1797 nach Erdmannsdorffs Entwürfen für die zum großen Teil 1796 erworbene Antikensammlung des Fürsten errichtet worden. Auf einem von Feldsteinen ummantelten Erdgeschoß mit einem Steingang erhebt sich ein zweigeschossiger, überkuppelter Rundbau mit Umgängen und einer von vier korinthischen Säulen getragenen Vorhalle. Nach der Besichtigung der Antiken in den beiden oberen Umgängen konnte man im dämmrigen Grottenraum Gipsnachbildungen ägyptischer Gottheiten bewundern oder den Ausblick vom Dach genießen.

Auf dem lange in umfassender Restauration befindlichen »Stein« »ist ein feuerspeiender Berg, ein lateinisches Theater, ein antikes Grabgewölbe mit Aschenkrügen, Trümmer eines antiken Gymnasiums, eine moderne Villa, Grotten, hohe Bogengänge, Badezimmer, ein Kabinett der Nacht usw., wunderbar zu einem Ganzen zusammengeschoben, ineinander und aneinander gefügt, das bei der größten Mannigfaltigkeit

Wörlitz, Neue Anlagen: Stein mit dem Vesuv und der Villa Hamilton

ohne Einheit ist und keiner wahren reinen Idee entspricht, aber dennoch imposant genug, den Besucher in Erstaunen zu setzen und zu fesseln«.[71] Das von 1788 bis 1794 erbaute Gebilde versuchte nicht nur durch Landschaften und Architekturen, sondern auch durch eine entsprechende Bepflanzung das Italienerlebnis wiederzubeleben. In der reich mit Kunstwerken ausgestatteten Nachbildung der Villa Hamilton sind die Gemälde und Gouachen des Lehrers der Dessauer, Charles-Louis Clérisseau, von besonderer Bedeutung.

Carl Kuntz: Der Stein zu Woerlitz, *1800*

Sowohl mit dem Stein als auch mit dem Pantheon ist eine von Reil übermittelte Äußerung des Fürsten verbunden, die Franz' Fähigkeit zu kritischer Einordnung aufs Schönste wiedergibt und sich wie die Zusammenfassung einer lebenslangen Bemühung liest, die in Gedanken prinzipiell schon über das Selbstgeschaffene hinausweist: »Es ist doch ein verfehltes Werk«, meinte Franz beim Anblick des »Vesuvs«, »etwas anderes geworden, als ich eigentlich wollte; zu viel und zu verschiedenartiges auf einem so engen Raum; ich mußte mehr Platz haben. [...] Rode in seiner Beschreibung stellt mich mit Hadrian in eine Parallele, was er nicht hätte tun sollen, denn ich verschwinde vor dem. [...] Auf seiner Villa zu Tivoli hat Hadrian alles zusammengestellt und nachgeahmt, was er auf seinen großen Reisen durch alle Provinzen des römischen Reiches an Kunst- und Naturwundern gesehen hatte. [...] Er stellte nicht bloß Werke der Kunst und Natur in ungeheurer Menge zusammen, er vereinigte auch die ägyptische Kunst mit der griechischen. – Man sollte aber [...] sich nicht herausnehmen, die Natur in ihren großartigsten und erhabensten Erscheinungen, in ihren Felsen, Schluchten, Tälern und Vulkanen nachahmen zu wollen. Da zieht man allemal den kürzeren, zumal in einer Gegend, wo das alles nicht hingehört und wie vom Himmel gefallen aussieht. [...] Man sollte der Natur in ihrer idyllischen Bildung nachahmen und sie sich zum Muster nehmen, wie sie die Wälder mit ihren stillen Schatten schafft, die Waldränder mit blühenden Gesträuchen ziert, ihre Bäume gruppiert, ihre Flächen in Wiesen, in Blumenteppiche verwandelt und ihre Gewässer in Seen, Flüsse und Bäche verteilt. [...] Man muß, wie sie, keine Grenzen anerkennen und die notwendigen verstecken.«[72]

Wie ein resümierender Abschluß lesen sich auch die Zeilen aus Johann Gottfried Herders *Zerstreuten Blättern* auf dem schon 1797 auf die Insel der Totenerinnerung gesetzten Zippus. Sie scheinen den großen Anspruch, der am Anfang des Parkes mit der Rousseau-Insel gesetzt wurde, wie das ganze eigene Wirken relativieren zu wollen, wenn es dort heißt: »sterbliche sind wir und sterblich alle unsere wünsche/ leid und freude sie gehn oder wir gehn vorbei.« Herders nüchterne Schlußfolgerung unterscheidet sich fundamental von der Einstellung dem Tod gegenüber, die in der Anlage des Neuen Begräbnisplatzes in Dessau zum Ausdruck kommt; weder verdrängt noch relativiert er den Tod: »spiel ist unser Leben • und schauspiel / murrender • lerne spielen • oder du trägst schmerzen und schaden davon.«

Wörlitz, Neue Anlagen: Eiserne Brücke

Die antike Mythologie nennt Elysium jenes Land am Westrand der Erde, in dem die Seligen in ewigem Frühling leben. Es dürfte kein Zufall gewesen sein, daß ein Stück desselben Namens zur Aufführung kam, als Franz 1774 das im Rohbau fertiggestellte Schloß und das dazugehörige Areal im Vogelherd seiner Gattin Luise schenkte, nach der die Anlage seit 1780 in Parallele zum Georgium benannt wurde. Friedrich Hölderlin verbrachte im April 1795, nachdem er Begräbnisplatz und Stadt besichtigt hatte, im Luisium und in Wörlitz »einen herrlichen Tag«[73]. Für den Dessauer Dichter Wilhelm Müller war es der schönste Garten des ganzen Landes. Der Schriftsteller Wilhelm van Kempen hielt ihn für unvergleichlich, als er Anfang des 20. Jahrhunderts Szenerien beschwor, die sich dem Besucher nach umfangreichen Rekonstruktionen vielfach auch heute wieder darbieten.

Mehr als jeder andere Garten der Zeit ist das Luisium ein »Stimmungspark«, eher der intuitiven Empfindung als pädagogisch-aufklärerischen Zielen verpflichtet, wie es die Wörlitzer Anlagen sind. Behü-

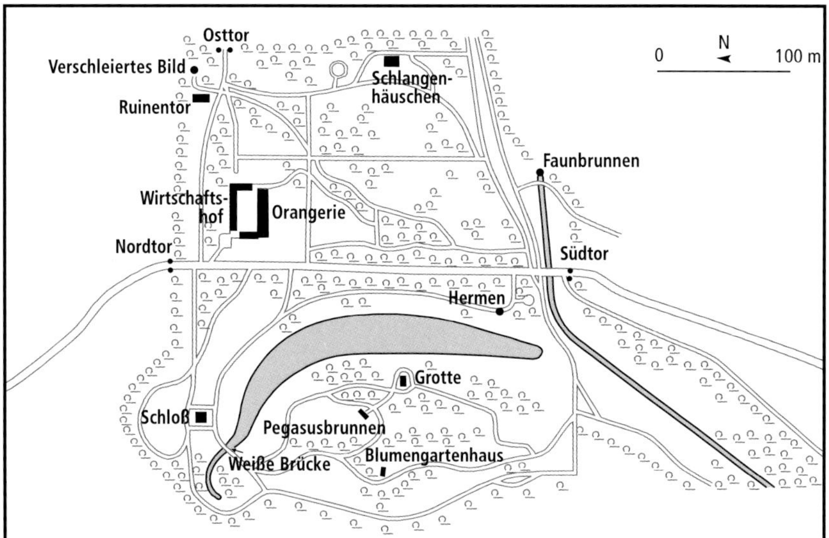

Luisengarten

Heinrich Theodor Wehle: Luisium von der Seite des Gartens, *1799*

tetes Eingeschlossensein und Weite, Ordnung und naturnahe Freiheit, faunische Sinnenlust und kühlkalkulierende Ökonomie gehen im Luisium so unmerkliche, sanfte Verbindungen ein wie in keinem anderen Teil des Gartenreiches. Vielleicht ist es nicht so sehr abwegig, Luisium als andauernde Werbung des Fürsten um eine Frau zu verstehen, die er zwar verehrte und liebte, doch mit der er nicht leben konnte.

Zwischen diesem Garten und dem Leben des Dessauers besteht ein eigentümlicher Zusammenhang. 1753 kaufte Fürst Dietrich das Gelände am Vogelherd und ließ dort für den Erbprinzen ein Sommerhaus mit Park errichten, in dem der Thronfolger seine Unterweisungen in höfischer Bildung, der Jagd und dem Spiel erhielt. Ein Menschenalter später leitete der 1817 durch einen Sturz vom Pferd verletzte Franz vom Luisium aus noch den Bau des Mausoleums an der Jonitzer Kirche für die schon 1811 verstorbene Fürstin, ehe er selbst, nur zehn Tage nach dem schweren Unfall, am selben Ort verstarb.

Viel deutlicher als heutige Grundrisse oder Kartenwerke es zeigen können, läßt sich anhand einer vermutlich von Johann Friedrich Eyserbeck stammenden Planzeichnung von etwa 1790 die einstige isolierte Lage des Luisiums erkennen, das an drei Seiten von niedrigen Wällen umgeben wurde. Wie durch eine Nabelschnur war es durch die noch heute erhaltene, von Südwesten kommende Lindenallee mit der von der Residenz über Vockerode nach Wörlitz führenden Hauptstraße verbunden. Nach der Jonitzer Hutung, einer Eichenpflanzung für die Schweinemast, kreuzt die Allee die Sichtachse Schloß Luisium/Jonitzer Kirche, gibt dann für kurze Zeit linker Hand den Blick frei in das von einzelnen Solitäreichen durchsetzte Weideland des ehemaligen Gestütes, um danach auf den durch eine Bruchsteinmauer verstärkten Kanalwall zu treffen. Dieser gilt als Reminiszenz an die Römerwälle in Schottland und diente dem Schutz vor dem Frühjahrshochwasser.

Hier, vom unaufwendig gestalteten Südtor aus, teilt noch heute eine gerade, stark mit Taxus unterpflanzte Allee den Luisengarten in die immer im Eigentum des Fürsten verbliebene, vormals allein dem Gartenbau vorbehaltene Ost- und die nach englischem Vorbild gestaltete, 1780 der Fürstin übereignete Westpartie mit dem alten Muldearm und dem Schloß. Diese Allee, die etwa in der Mitte des Gartens die Sichtachse Schlangenhaus/Gestüt schneidet, führte durch das Nordtor direkt in den ehemals umzäunten Tiergarten. Dort wurde sie zum Ausgangspunkt dreier Jagdwege, deren beeindruckende Anlage als Landschaftsalleen von der Nordseite des Schlosses besonders gut erfaßt werden kann. Zwischen der Walderseeallee zur Linken und der Kohlauallee zur Rechten verlief die sogenannte Saugartenallee in einer Linie mit der Sichtachse Jonitzer Kirche/Schloß damals bis zur Elbe. Über den engeren Bereich des Luisengartens hinaus existierten weitere Blickverbindungen vom Schloß aus nach Westen bis zum Georgium, wo die Pyramide am Gänsewall und das Vasenhaus zu sehen waren, und nach Südwesten über die Palladio-Brücke sowie das Gestüt zu den Türmen Dessaus. Im engeren Bereich des Gartens selbst besteht eine Verbindung zum römischen Triumphtor und über den Muldearm hinweg zu einem Hermenpaar. Das Schloß steht also auf einem achteckigen Stern, dessen differenzierte Ordnung jedoch kaum spürbar wird. Sie ist ein Indiz dafür, daß formale Elemente barocker Gartenkultur in Landschaftsgärten englischen Stils überlebten, daß der Wechsel zu diesen Gärten zwar ein bewußter, aber – jedenfalls in Anhalt-Dessau – nie ein vernichtender war.

Im ehemaligen Bereich des Wirtschaftsgartens, der heute fast ausschließlich durch kleinere Wiesenflächen und zahlreiche Baumgruppen geprägt ist, sind die wichtigsten Wegverbindungen und Durchblicke erhalten geblieben. Schon in dem Plan von Eyserbeck findet sich die diagonal durch den Garten verlaufende, beiderseitig von Bäumen bestandene und von einem Weg umschlängelte Sichtachse, die zum Verschleierten Bild führt – gleichsam ein Symbol dafür, daß man sich der Wahrheit, wenn überhaupt, nur auf verschlungenen Wegen nähert. Im Norden schließt die von Erdmannsdorff entworfene und in den Jahren von 1782 bis 1785 errichtete klassizistische Orangerie als Südflügel des Wirtschaftshofes den ehemaligen Obstgarten ab. Die durch Pilaster gegliederte Vorderseite des Pflanzenhauses hat leider durch das Einsetzen von Fenstersolbänken viel von ihrer einstigen Noblesse verloren. Das neugotische Schlangenhäuschen, um 1800 leicht erhöht vor eine Gruppe alter Eichen postiert, gehört zu jenen Architekturen im Gartenreich, bei denen sowohl der Baumeister als auch eine eventuelle Mitwirkung Erdmannsdorffs immer noch fragwürdig sind und diskutiert werden. Für eine Beteiligung des Klassizisten Erdmannsdorff an diesem in ein Miniaturformat transformierten mittelalterlichen englischen Wohnturm spricht der durch eine Änderung in der Steinart betonte klassizistische Scheingiebel.

Auch die beiden rechtwinklig zueinander gestellten Schaugiebel des ehemaligen Gestütes sind ein Beispiel für den überall im Gartenreich anzutreffenden Stilpluralismus. Von der in der Entwurfszeichnung sichtbaren klassizistischen Dominanz ist bei dem linken der beiden Gebäude nur ein architravloser Scheingiebel in der Fassadenmitte geblieben. Wie auch in Italien üblich, wurde in den gotischen Bogen ein antiker Sarkophag als Viehtränke eingefügt. Bekrönt wird der mit einem Ochsenauge durchbrochene aufsteigende Zinnengiebel von der barocken Skulptur eines steigenden Pferdes. Auf den beiden Seitenpfeilern stehen inzwischen durch Kopien ersetzte Wappenhalter aus dem Dessauer Renaissanceschloß. Mit diesem Bild korrespondiert der Nebengiebel, eine Reminiszenz an die Dessauer Residenz mit einem Erker nach englischem Vorbild und vor die Ecken gesetzten Strebepfeilern.

Die mittels einer Sichtachse quer durch den Garten verbundenen Gebäude des Schlangenhauses und des Gestütes scheinen jedoch nicht nur stilistisch, sondern auch inhaltlich in einen Zusammenhang gesetzt. Vielleicht schon als Gästehaus für Künstler konzipiert und in der An-

Luisium, Gestüt

lage auf das viele Jahre zuvor errichtete Gestüt bezogen – die Dichter Friedrich von Matthisson und Wilhelm Müller verbrachten hier zeitweise ihren Sommeraufenthalt, Enrico Toselli schuf an gleicher Stelle Anfang des 20. Jahrhunderts seine Serenade *Rimpianto* –, befand sich das Schlangenhäuschen am Rand eines Nutzgartens, wohingegen das Gelände des Gestütes an den »Lustgarten« grenzt. Das auf halbem Weg zwischen dem Gestüt und dem Künstlerdomizil liegende klassizistische Blumengartenhaus, die vorgeschichtliche Grotte und der reizvolle Pegasusbrunnen könnten als originelle Transformationsstationen zwischen Realität und Phantasie verstanden werden. Ob indessen eine solche Vorstellung bei der Gestaltung bewußt berücksichtigt wurde, sich intuitiv ergab oder als eine durch die eher zufällige Nutzung provozierte Überinterpretation gelten muß, läßt sich freilich schwer sagen.

Daß neben einem wie immer gearteten Bezug zur eigenen dynastischen Vergangenheit, die sich unter anderem in der Aufnahme territorialer Stileigentümlichkeiten bemerkbar machte, mehr und mehr auch sentimentale oder romantische Tendenzen zum Zuge kamen, bezeugt im Luisium die bereits erwähnte Skulptur einer verschleierten Frau, die *Farbtafel 17* als Verschleiertes Bild zu Sais gedeutet wird. Vom Luisenhaus aus erscheint die Figur hinter der Ruine eines römischen Triumphbogens als das von Sterblichen nicht zu enträtselnde Mysterium. »Alles, was verhüllt ist, alles Geheimnisvolle«, schrieb Friedrich Schiller 1793 in seiner Abhandlung *Vom Erhabenen*, »trägt zum Schrecklichen bei und ist deswegen der Erhabenheit fähig. Von dieser Art ist die Aufschrift, welche man zu Sais in Ägypten über dem Tempel der Isis las. ›Ich bin alles, was ist, was gewesen ist, und was sein wird. Kein sterblicher Mensch hat meinen Schleier aufgehoben.‹ Eben dieses Ungewisse und Geheimnisvolle gibt den Vorstellungen der Menschen von der Zukunft nach dem Tode etwas Grauenvolles [...].«[74]

Weder mysteriös noch grauenvoll, sondern vielleicht nur ein wenig *Farbtafel 18* märchenhaft erhebt sich das kleine, schlichte Schloß auf einer sanften Anhöhe und spiegelt sich im blanken Wasser des alten Muldearmes. Neben den Schlössern Wörlitz und Georgium gehört es zu den Meisterwerken Erdmannsdorffs und besticht insbesondere durch seine einfache, doch spannungsvolle Fassadengestaltung und Proportionierung. Auf quadratischem Grundriß erhebt sich der zweigeschossige Bau mit drei mal vier Achsen, wird von einem Pyramiddach geschlossen und nochmals durch ein Belvedere mit Fenstern im Palladio-Motiv geöffnet, eine Verbeugung vor dem großen Vorbild. Das helle Gelb seiner schmucklosen, nur durch das Weiß der Fenster- und Türrahmen belebten Wände durchleuchtet wie eine kubische Sonne auf seinem achtstrahligen Stern Garten und Umland. 1774 begonnen, zog sich die Fertigstellung der reichen Innendekoration des Schlosses bis in das nächste Jahrzehnt hin.

Vor allem in der Folge des Zweiten Weltkrieges waren die meisten Gemälde und Graphiken verlorengegangen; die Räume dienten vor der Schließung Anfang 1980 Ausstellungszwecken und sind nach umfänglichen Restaurierungs- und Rekonstruktionsmaßnahmen seit 1998 wieder der Öffentlichkeit zugänglich. Das Erdgeschoß wird fast gänzlich von einem Festsaal ausgefüllt, der von den Formen einer schweren, ja ernsten Klassizität geprägt ist. Pilaster aus grünem Stuckmarmor markieren Türen und Fenster und gliedern die Wände. Nicht weniger wuchtig erscheint die von breiten Reliefbändern unterteilte Decke, deren Felder mit Reliefs sowie ornamentaler und figürlicher Malerei gefüllt sind. Während in den Zimmern des Obergeschosses allein Motive der antiken Mythologie zur Darstellung kamen, finden sich im Festsaal auch Szenen aus der christlichen Ikonographie. Die weniger offiziellen und später entstandenen Räume des Obergeschosses, das Spiegelkabinett und die Bibliothek, sind intimer und freier in ihren Gestaltungen und Kompositionen. Durch Vermittlung des Vorbildes Raffael gelangten die Formen antiker römischer Groteskenmalereien ins Luisium. Aus dem besonders im Rokoko beliebten Spiegelkabinett entwickelte Erdmannsdorff, ohne auf die abgerundeten Ecken zu verzichten, eine unaufdringliche, klassizistische, noch heute sehr modern anmutende Variante. Faszinierend ist die Deckengestaltung der Bibliothek, wo aus dem Ineinander von Kreis, Quadrat und Oktogon Mal- und Stuckflächen von spannungsvoller, raumschaffender Plastizität entstanden.

Auch Franz von Anhalt muß diese Räume und den Garten in seinem alten Vogelherd geliebt haben. Der fast 77jährige hätte sich sonst kaum nach dem schweren Reitunfall in Wörlitz hierher bringen lassen. Nachdem ihm Wörlitz wahrscheinlich schon durch einen Streit in der Schochschen Nebenfamilie in den letzten Lebensjahren in gewisser Weise vergällt war, hatte er bereits vorher hauptsächlich im Dessauer Schloß und im Luisium gelebt, »wo er sein Paradebette aufschlagen und den Tod erwarten«[75] wollte. Vermutlich trat nun auch das Verhältnis zu Luise wieder in den Vordergrund. »Sein letztes Krankenbette, das auf Luisium sein Sterbebette werden sollte, hatte er so stellen lassen, daß er aus demselben nach der, etwa eine kleine halbe Stunde entfernten Kirche von Jonitz hinsehen konnte, wo er seiner Gemahlin ein Mausoleum erbauen ließ [...]. Täglich fragte er mehr als einmal: ›Ist denn der Schlußstein gelegt? Wird denn alles fertig? Fragt doch einmal! Korte

Luisium: Blick vom Schloß Richtung Jonitzer Kirche in Waldersee, links der Pegasusbrunnen

soll eilen; aber sich nicht übereilen.‹ Er erlebte die Vollendung des Baues nicht, nach der er sich sehnte.«[76]

Franz hatte an die im schlichten Barock erbaute Dorfkirche einen Turm mit Obelisken anfügen lassen, der zunächst nur als Mausoleum für Luise dienen sollte. Der Fürst plante unter anderem eine Erweiterung des Kirchengeländes bis zu dem Weg, der von Wörlitz nach Dessau führte, und die Gestaltung dieses Areals als Grabhain. Dazu ist es nach seinem Tod nicht mehr gekommen. War Franz zunächst auf dem Neuen Begräbnisplatz beigesetzt worden, wurden seine sterblichen Reste 1822 ebenfalls ins Jonitzer Mausoleum gebracht. Der Hofbildhauer Friedemann Hunold schuf 1823 ein Marmorrelief für das fürstliche Begräbnis nach einem Gemälde von Ferdinand Hartmann mit der Darstellung der drei Frauen am Grab Christi.

»Einfach, ungekünstelt ist die ganze Anlage dieses Berges. Nur die Natur hat geordnet, was die Natur ungeordneter liegen ließ«,[77] schrieb Johann Gottfried Grohmann 1795 im *Taschenbuch für Garten Freunde*. Ein von der Chalcographischen Gesellschaft 1800 herausgegebenes Aquatintablatt von Johann Christian Haldenwang nach Heinrich Theodor Wehle zeigt den *Sieglitzerberg am Ufer der Elbe*, ein Nachtstück im Stil der Zeit, voller Stille und Romantik. Die Elbe, damals tatsächlich viel näher an den Berg herantretend, fließt ruhig im fahlen Schein des von zerrissenen Wolken wenig verdeckten Vollmondes. Sein Licht erhellt den aus dem dunklen Wald hervorleuchtenden weißen Säulenportikus des Schlößchens Solitude. Seitlich im Vordergrund hat sich ein Jäger zur Ruhe gestreckt, während sein Hund die Wache hält: eine Symbiose von deutscher Waldeinsamkeit und antikem Wesen, eine Kunstlandschaft, die sich weiter als andere Gärten des Dessau-Wörlitzer Kreises vom englischen Vorbild löste.

Nach dem Zweiten Weltkrieg wurde die beschädigte Anlage dem Verfall und der Zerstörung überlassen, 1979 schleifte man die Gebäude. Gehölzpflege fand nicht mehr statt. Erst Anfang der 90er Jahre ging es im Rahmen einer Arbeitsbeschaffungsmaßnahme zur Wiederherstellung des historischen Wanderweges zwischen Waldersee und Wörlitz auch an die Rekonstruktion des Wegenetzes, an die Sicherung der vorhandenen Substanz und die Freilegung der Blickachsen dieses Waldgartens.

Das einst durch ein Wildgatter abgezäunte Gartenterrain ist aus drei Richtungen durch Tore zu erreichen: aus westlicher Richtung vom Luisengarten oder von Naundorf her über den Kupenwall durch das um 1780 im schlichten Barock errichtete Dessauer Tor; abbiegend von der Hauptstraße Dessau–Vockerode über die Lakaienwiese und den
Farbtafel 19 Gatzer Berg durch das südliche Klassische Tor von 1791/92; und von Südosten, also von Vockerode beziehungsweise Wörlitz her – schon eingestimmt durch das Wachhaus Dianentempel und Statuen eines Hirten und einer Diana –, durch das »mittelalterliche«, 1793 erbaute Burg- oder Walltor. Dieses größte der drei Tore öffnet sich in einem an

Heinrich Theodor Wehle: Sielitzerberg *(sic!)* am Ufer der Elbe, *1800*

Heinrich Theodor Wehle: Verfallenes Monument auf dem Sielitzer *(sic!)* Berg, *1800*

Sieglitzer Berg: Walltor

Renaissanceformen gemahnenden Rundbogen, über dem als Verbindung stiftende Spolien Sandsteinteile aus dem Dessauer Stadtschloß eingefügt wurden.

Die drei Tore zitieren also die wesentlichen kulturellen Einflüsse, denen sich die Dessauer verpflichtet fühlten. Ihre Wege führten zum Zentrum der Anlage, dem Schlößchen Solitude, das sinnigerweise »Der Besserung« geweiht war und von Franz unter anderem tatsächlich für medizinische Kuren genutzt wurde. Die Küche, die sich in unmittelbarer Nähe befand, hatte sowohl für die Speisen als auch für Warmwasser zum Bad zu sorgen. Sie war im sogenannten Verfallenen Monument untergebracht, das dem Fuß einer gewaltigen Säule nachgebildet war.

Solitude öffnete sich zur Elbe mit Freitreppe und Portikus, hinter dem sich der Saal des kleinen Gebäudes befand. Von den ruinierten Resten schweift der Blick auch heute noch in die Weite der Flußlandschaft. Auch der als Pendant dazu angelegte, vom hinteren Eingang aus drei durch den weitgehend naturbelassenen Wald geschlagenen Schneisen bestehende Sichtenfächer ist heute wieder erlebbar. Rechter Hand befindet sich das Postament, auf dem die Statue eines Faunes stand, jenes in Wäldern und Bergen lebenden lüsternen Doppelwesens, das im alten Italien als Gott der Fruchtbarkeit, als Beschützer der Herden und des Ackers galt. Linker Hand erblickt man eine Diana, in vielerlei Hinsicht eine weibliche Entsprechung, doch auch Gegenspielerin des Faunes, die Göttin der Jagd und des Naturlebens. Zwischen den Standbildern der beiden Waldgötter erscheint die Wilhelms-Vase am Ende des nach ihr benannten, bis nach Vockerode reichenden Walles. Diese Gedächtnisurne war von Fürst Franz und Georg Heinrich von Berenhorst für den Grafen Wilhelm von Anhalt gesetzt worden, der bei Torgau gefallen war, »›dem Mitwandler in Gefahren‹ [...] als Mahnung zum Frieden«.

Bei aller diesem Park immer wieder zugeschriebenen Schlichtheit zeigt sich, daß auch hier wohlüberlegt komponiert und gebaut worden ist. Einmalig gegenüber den anderen Anlagen ist die Einbeziehung der Elbe nicht nur als meditative oder bloß belebende Komponente, sondern als Sinnbild für den unabänderlich in die Zukunft sich fortwälzenden Zeitstrom, in den letztlich alles einmündet.

Kultiviert und »wild« – Georgium

Wie Wörlitz war das Georgium eine Anlage, die weit in die Landschaft hinausgriff und sich »zwischen der Mulde gen Osten, der Elbe gen Norden, Burg Kühnau und den großen Kienfichten gen Westen, und der Stadt Dessau gen Süden« in »die ganze umliegende Gegend, so wie sie aus großen Waldpartien, weitläufigen Feldern, ansehnlichen Wiesen besteht«,[78] erstreckte. Und so hat sie, allein schon durch ihre Größe, doch auch wegen ihres gartenkünstlerischen Ranges, nicht immer in dessen Schatten gestanden. Novalis, der die Natur im Georgium »in den einzelnen Partien noch glücklicher als in Wörlitz nachgeahmt«[79] fand, stand mit seiner Meinung unter den Zeitgenossen nicht allein. Daß dem Georgium bis heute nicht annähernd so starke wissenschaftliche beziehungsweise publizistische Aufmerksamkeit zuteil wurde und die Mittel zu Erhalt und Rekonstruktion bei weitem nicht die Höhe erreichten wie die für die östliche »Konkurrenz«, hat sicher viele Gründe.

Einschneidend und zum größten Teil irreversibel sind die Einbußen, die der Garten durch die zunehmende Urbanisierung und Industrialisierung erlitten hat. Die Stadt ist bis heute um ihn herum, teilweise in ihn hineingewachsen. Im Osten schneidet ihn seit 1841 eine Eisenbahnlinie vom Umland ab. Der 1894 begonnene Koloß eines Mausoleums in den Formen der Neorenaissance verschob die gestalterischen Gewichte im und außerhalb des Parkes ebenso wie die Anbauten am Landhaus oder jenes große Wasserbecken im Beckerbruch als Teil eines gescheiterten Großprojektes der 20er Jahre des 20. Jahrhunderts. Die schwierige Pflege des naturnahen Beckerbruches und der Verfall sowie die Zerstörung von Gebäuden und Monumenten in der Nachkriegszeit ließen den Wert dieses Gartenkunstwerkes immer weniger offensichtlich werden.

Das Georgium ist nach dem Bruder des regierenden Fürsten Prinz Hans Georg benannt, den Winckelmann als ein »Bild der echten deutschen Redlichkeit und des alten Schlags« bezeichnete, »ehe wir Bastarde und Affen wurden«.[80] Der gegenüber Franz acht Jahre jüngere Hans Jürge, wie er meist genannt wurde, war schon Ende 1765 mit seinem

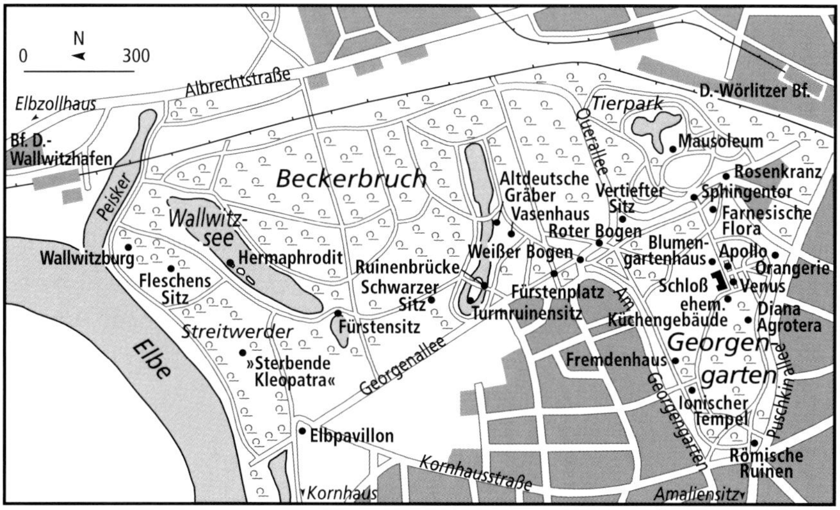

Georgium

Bruder sowie seinem Erzieher und Freund Berenhorst nach Rom gereist und hatte dort unter engem Anschluß an Franz und unter der fachlichen Führung Winckelmanns Studien in antiker Kunst getrieben. Im Gegensatz zu Franz und Berenhorst war Hans Jürges Verhältnis zum preußischen Heer, in das er als 20jähriger eintrat, offenbar unproblematischer und blieb auch nach seinem durch ein Gichtleiden erzwungenen Abschied im Jahr 1779 bestehen. Eine von seinem Bildhauerfreund Cavaceppi geschaffene Büste Friedrichs II. stand in Hans Jürges Landhaus. Wie sein Bruder pflegte der Prinz Umgang mit zahlreichen Dichtern, Musikern, Wissenschaftlern und gestaltenden Künstlern, zu denen Johann Wolfgang von Goethe ebenso gehörte wie Johann Bernhard Basedow, der Historiker Ludwig Timotheus Freiherr von Spittler, der Jurist Gustav Hugo oder der Weimarer Verleger Friedrich Justin Bertuch. Hans Jürge, dessen Ehe mit Caroline von Hill offiziell nie anerkannt wurde, ging 1804 zur Behandlung seines Gichtleidens, doch sicher auch in politischer Mission, nach Wien, wo er im Jahre 1811 starb.

Seine Militärzeit hatte die fortdauernde Beschäftigung mit der Kunst nicht ausgeschlossen, und so ähnelt Hans Jürges Wechsel ins zivile Leben, in die Rolle des Gartenschöpfers, dem Wechsel zwischen Stand- und Spielbein, erscheint wie eine bloße Gewichtsverlagerung.

Frederic le Bert de Bar: Schloß und Park Georgium zu Dessau, *1786*

Schon im Frühjahr 1780 ließ er von dem jungen, in Wörlitz aufgewachsenen Johann George Schoch erste Entwürfe für das Georgium zeichnen, wonach noch im selben Jahr die Arbeiten begannen. Verhandlungen über notwendige Grundstücksankäufe liefen parallel. Hier, wie in allen anderen Fragen, stand ihm Franz bei, erwarb selbst einige der Areale, finanzierte über Jahre den Garten mit und kümmerte sich während Hans Jürges Wiener Aufenthalt sogar um die Pflege der Anlage. In etwa 20 Jahren erhielt sie ihre endgültige Gestalt, wie sie in dem vom Gärtner Dietrich Wilhelm Albert Klewitz 1796 erstellten Plan festgehalten wurde. Die Zeichnung veranschaulicht auf eindrucksvolle Weise die freie Lage des Gartens und zugleich sein Eingewobensein in die Landschaft südlich der Dessauer Elbschleife zwischen Kühnauer See und dem Rand des Beckerbruches. Schnurgerade Alleen führten vom Park in die Stadt. Die Hauptallee war zugleich Hauptsichtachse und durchschnitt den Garten an seiner engsten Stelle. Sie verband die inzwischen abgerissene Eugens-Pyramide im Garten des Erbprinzlichen Palais mit dem Rondell des Rosenkranzes an der Südostecke des Georgiums, dem Vertieften Sitz, dem Fürstenplatz sowie dem Elbpavillon, von dem sie weiter bis zu einem Rundaltar auf dem Streitwerder, also bis direkt an die Elbe, reichte.

Schon bei einem flüchtigen Blick auf den Klewitz-Plan scheiden sich die einzelnen Teile des Gartens. Die südliche Mittelpartie, das eigentliche Georgium mit dem Landhaus, und die schmaler werdende und sich wieder weitende Verbindung zum Beckerbruch sind die beiden hochkultivierten, intensiv durchgestalteten Teile des Gartens, in denen sich auch die Mehrzahl der Architekturen befindet.

Der sich nach Norden dehnende, nur von einigen Wegen durchzogene Beckerbruch mündete in die Stiller-Plan-Wiese, die von einem künstlichen Wasserarm umzogen wurde und in jüngster Zeit durch Kiesgewinnung zu einem See geworden ist. Dadurch hat der Park endlich die große, belebende Wasserfläche erhalten, die ihm immer gefehlt hat. An diesen See schmiegt sich ein in nordöstliche Richtung verlaufender, Wallwitzberge genannter Dünenzug an, auf dessen höchster Erhebung 1800 die Wallwitzburg errichtet wurde. Die nördlichste Partie bildet der Streitwerder in der Biegung der Elbe, früher noch deutlicher vom »Festland« abgetrennt durch mittlerweile größtenteils verwachsene oder aufgefüllte Altwässer.

Nach Westen hatte Hans Jürge die heute durch Bebauung arg dezimierten Kiefernbestände der Großen Kienheide an das Georgium angekoppelt. Zu einem waldartigen Park gestaltet, mit dem Amaliensitz im Zentrum, bildeten diese die Überleitung nach Großkühnau.

Trotz mancher Veränderung ist der Klewitz-Plan weiterhin als Orientierungshilfe brauchbar. Doch wie sah der Park wirklich aus? Was ist davon geblieben? Hier wird sich die folgende Darstellung allein schon aus Platzgründen auf Schwerpunkte beschränken müssen.

»Georgenhaus«, schreibt August von Rode, »ungefähr eine Viertelstunde vor Dessau, liegt nordwestlich. Das Akensche Thor, und eine breite Chaussee, welche von den letzten Häusern der Vorstadt beginnt, und zu beiden Seiten mit wechselnden Fruchtbäumen und lombardischen Pappeln, auch von Zwischenraum zu Zwischenraum mit steinernen Bänken besetzt ist, leiten dahin.«[81] Diese geradlinige Zufahrt von der Stadt entspricht heute der von der Nordseite des Stadtparkes ausgehenden, von der Bahnlinie unterbrochenen Antoinettenstraße. Nach Passieren der Brücke nördlich des Hauptbahnhofes ist der Haupteingang des Georgiums über eine der nach rechts abbiegenden Straßen zu erreichen. Nur noch in fragmentarischer Form präsentiert sich jener bereits erwähnte, mit Strauchrosen umpflanzte und einst mit

Georgium: Blumengartenhaus

jahreszeitlichen Blumen geschmückte, kreisförmige Platz des Rosenkranzes an der äußersten Südostecke des Parkes, in dessen unmittelbarer Nähe heute die Sandsteinskulptur der Farnesischen Flora aufgestellt ist. In der Allee aus Pyramidenpappeln folgt bald das mit der Errichtung des Mausoleums erweiterte steinerne Torrund.

Zusammen mit den dem Georgenhaus durch ein geometrisiertes Wegesystem zugeordneten Gebäuden bot sich dem Beschauer ein in fast barocker Strenge geordnetes, aufklärerisches Bildprogramm. Die Sphingen am Tor verkörperten das bekannte Rätsel nach dem am Morgen vier-, am Mittag zwei,- und am Abend dreibeinigen Wesen, dessen Lösung der Mensch ist. Dieser erschien hier am anderen Ende der Allee in Gestalt einer Kopie des Borghesischen Fechters von Pfeiffer aus dem Jahr 1786. Der Weg, der diese Allee rechtwinklig schneidet, verbindet den Haupteingang des Georgenhauses mit einem Architekturkomplex aus Orangerie, Pferdestall und Remise. Dem Georgenhaus von dieser Kreuzung aus zugewandt, zeigten sich dem Besucher schon damals die beiden Skulpturen der Venus und des Apollo, die gewiß nicht nur an das Antikestudium des Bauherren erinnern, sondern zugleich auf inhaltliche Aspekte von Garten und Schloß hindeuten sollten. Diese Programmatik, die sich mit der Polarität menschlicher Wesenskräfte beschäftigt, setzt sich fort in den beiden dem Schloß zugeordneten Bauten. Sie weisen zwei fast identische Tempelfassaden auf. Linker Hand verbarg das durch einen Bombentreffer zerstörte Küchenhaus einen kleinen Wirtschaftshof, hinter dem in westlicher Richtung, auf der ehemaligen öden Wiesenfläche der »Grasse-Heyde«, der Obst- und Küchengarten lag. In gestalterischer Einheit verbunden, befinden sich rechter Hand Blumengarten und Blumengartenhaus. In letzterem bewahrte Hans Jürge Skulpturenmodelle von Cavaceppi auf. Es zeigt zum Schloß hin eine klassizistische weiße Fassade, während der oktogonal geschlossene, rotgestrichene Teil dem von schmalen Wegen durchzogenen Parkwald zugewandt ist.

Schloß Georgium oder das Georgenhaus, wie es ursprünglich in Anlehnung an das als Landhaus bezeichnete Wörlitzer Schloß genannt wurde, ist wie Schloß Luisium, das Wörlitzer Rathaus oder der Elbpavillon die Umsetzung des Modellentwurfes eines freistehenden Hauses aus Nikolaus Goldmanns *Civilbaukunst* durch den genialen Erdmannsdorff, der auch für die übrigen Parkarchitekturen verantwortlich zeichnete. Leider ist der ursprüngliche Eindruck dieses in kühlem Weiß gehaltenen Gebäudes durch die Anfügung zweier Seitenflügel 1893 sehr verändert worden. Viel konzentrierter als heute hob sich das durch Pilaster gegliederte, fünfachsige Schloß empor, um sich im Portalgiebel sowie im Walmdach zu schließen und sich im Belvedere mit Palladio-Motiv der damals weit überschaubaren Landschaft zu öffnen. *Farbtafel 22*

Das Georgenhaus, das schon unter Hans Jürge mit zahlreichen Kunstschätzen ausgestattet war, beherbergt heute eine Gemäldegalerie mit Arbeiten altdeutscher und niederländischer Meister, flämischer Landschaftsmalerei, Werken des flämischen und holländischen Barock, Bildnissen des 18. Jahrhunderts sowie Malerei der Romantik und des Biedermeier aus Anhalt. In dem reichen graphischen Bestand befinden sich unter anderen sämtliche Blätter der Chalcographischen Gesellschaft und die Sammlung von Zeichnungen und Entwürfen Friedrich Wilhelm von Erdmannsdorffs und seiner Mitarbeiter.

Das Innere des Gebäudes hat viel an originaler Substanz eingebüßt. Erhalten blieben das durch Pilaster gegliederte Treppenhaus, einige sehr schöne Deckenstukkaturen und der runde Kuppelraum des Gartensaales, aus dessen von Nischen und Spiegeln beherrschtem Inneren der Blick über die Wiese nördlich des Schlosses bis zum Elbpavillon und zur Wilhelminen-Vase am Leopoldshafen reichte.

In Anlehnung an barocke Tradition war das Schloß Ausgangspunkt zahlreicher, bewußt gestalteter Sichtachsen, die immer nicht nur den schönen Blick boten, sondern zugleich den Raum des Gartens und seine Lage im Umfeld erahnen ließen. Heute wieder hergestellt sind zwei typische schmale, vom Verlauf der Wege gelöste Blickverbindungen zwischen Georgenhaus und Ionischem Tempel (Monopteros) im

Georgium: Fremdenhaus

Nordwesten und diesem Säulentempel und der Skulptur der Diana Agrotera im Südwesten des Gebäudes. Vor ihr bündeln sich die vom Wirtschaftstrakt und vom Schloß ausgehenden Pfade in einem Weg. Dieser läuft nun an der Südkante des ehemaligen Wirtschaftsgartens parallel zur Fahrstraße auf die heute als Sieben Säulen bezeichneten Römischen Ruinen zu. Durch die den Portikusresten des Saturntempels in Rom entlehnte Ruinenarchitektur hindurch erkennt man in etwa 600 Metern Entfernung den gelben, nach der Erbprinzessin Amalie benannten Sitz. Eine verbreiterte und doppelreihig mit Robinien bepflanzte Allee öffnete den Raum der dunklen, zum Parkwald umgestalteten Großen Kienheide, deren Kiefernbestand sich kontrastreich vom lichten, hellen Grün der Laubbäume des Georgiums abhob. Diese Mischung von Laub- und Nadelgehölzen wie auch die mehr oder weniger dichte Pflanzung von Laubgehölzen mit unterschiedlicher Farbigkeit gelten als ein besonderes Stilmittel früher anhaltischer Landschaftsgärten. *Farbtafel 23*

Lenkt der Amaliensitz den Blick aus dem Park hinaus, fängt ihn das magische Weiß des durch einen künstlichen Hügel erhöhten Ionischen Tempels nordöstlich der Sieben Säulen wieder ein. Mehr als alle anderen Orte im Garten war er Schnittpunkt für weite Sichtverbindungen; wie eine Verheißung tauchte er aus dem Grün der ihn umschließenden Pappeln auf. Als Vorbilder gelten der antike Tempel in Tibur und Architekturen im englischen Stowe und in Kew Gardens. Auch Hans Jürge plante die Aufstellung einer Skulptur oder Büste. Es kam aber nie dazu, so daß der Betrachter selbst in den Strahlenkern dieses Säulenbaues treten kann. Eine der weiteren Sichtachsen führte über die große Wiesenfläche nach Osten, durch die breit ausgehauene Waldallee, über den Vertieften Sitz und die Querallee bis zur Pyramide auf dem Gänsewall, welche die optische Überleitung zum Luisium herstellte. *Farbtafel 21*

Als nächstgelegene Architektur in dieser Richtung folgte zur Rechten das an drei Seiten von dunklem Gebüsch umpflanzte Fremdenhaus. Das um 1783 nach Erdmannsdorffs Entwürfen realisierte Gebäude ist nach langjährigem Ruinendasein wieder rekonstruiert worden und eines der interessantesten architektonischen Zeugnisse des kunsthistorischen Selbstverständnisses der Dessauer. Die Ostseite erhebt sich im Gewand der Gotik, im Westen präsentiert das Haus eine Fassade im kühlen niederländisch-dessauischen Barock, der Süden ist der Renaissance eines Andrea Palladio verpflichtet und der Norden der schon spätklassizistischen Strenge der eigenen Vorstellung. Indem Erdmannsdorff jeder der vier Seiten des Hauses einen anderen Stil zuwies, verdichtete er ein Motiv, das auch in der Gestaltung der Tore des Sieglitzer Berges anklingt. Charakterisiert es dort einen »der Besserung« geweihten, vergleichsweise abgelegenen Ort, prägt es hier das »Fremdenhaus«. Nur die Südseite, vor der sich ein kleiner Nutzgarten befand, war einsehbar. Neben schmalen, verschlungenen Wegen, Laub- und Obstbäumen sowie Blumenbeeten war es eine Geißblattlaube, die diesem Platz seinen Charakter, seine romantische Abgeschiedenheit verlieh.

Der bereits erwähnte Vertiefte Sitz existiert heute nicht mehr. Er befand sich etwa im Zentrum des Rasenrundes, das sich ähnlich wie der Rosenkranz in die Achse der Georgenallee hineinschiebt, und bot als tiefergelegene Mulde mit Bänken den ungewöhnlichen Blick aus der Froschperspektive. Der ganz praktische Grund dafür war wohl der, daß man die beiden Sichtachsen, die sich hier kreuzten, nicht durch einen ebenerdig aufgestellten Sitz unterbrechen wollte. Der von der Stadt die Georgenallee Heraufspazierende erblickte nämlich auf einer der Blickachsen durch den Weißen Bogen das Standbild des Fürsten in römischer Tracht. Der dem Drususbogen in Rom nachgestaltete Weiße Bogen war nicht nur erhabene, stilgerechte Rahmung für die Franz-Statue und eine Reminiszens an Italien, sondern erfüllte zugleich den Zweck einer Brücke, über die Vieh und Wagen unbemerkt von der Straße in den Garten gelangen konnten. Der nahegelegene Rote oder Holländische Bogen aus Klinkermauerwerk dagegen trug noch bis in die Nachkriegsjahre ein kleines Gebäude, in dem sich ursprünglich Kupferstiche nach Gemälden von Rubens befanden.

Der von den Zeitgenossen mit den Gymnasien der Alten verglichene Fürstenplatz, heute ohne die Franz-Statue, markierte die Grenze des Georgiums und leitete den Übergang zum Beckerbruch ein, der mit dem Erdmannsdorffschen Vasenhaus noch einmal Motive des Fremdenhauses anklingen läßt, ja diese durch die sanfte Bodenbewegung steigert. Ihm und den übrigen, meist klassizistischen Parkbauten bewußt gegenübergestellt, entfaltet sich an dem das Georgium nach Norden abschließenden, natürlichen Wasserstück ein »Schauplatz der Vergänglichkcit«, wie ihn Christian Cayus Laurenz Hirschfeld in

Georgium: Römischer oder Weißer Bogen

Heinrich Theodor Wehle: Die Ruinenbrücke im Georgen Garten, *1800*

seiner *Theorie der Gartenkunst* beschrieben hatte.[82] »Wie bald«, zitiert Rode,»ist des Lebens bunter Prunk dahin, und schließt der Tod unverlarvt die letzte Scene.«[83]

Vermittelte die antike Ruine Erhabenheit und erinnerte die Gedenkvase – hier am Vasenhaus für den Freund Hans Jürges, den Herzog August Wilhelm von Braunschweig-Bevern – daran, daß es ein Leben nach dem körperlichen Tod gibt, so stellte sich die mittelalterliche Ruine als ein sehr romantisches, theatralisches Memento mori dar, zu der die »Steinrunde altdeutscher Heldengräber« im Norden des Vasen-
Farbtafel 20 hauses ebenso beitrug wie die Ruinenbrücke oder der Sitz in einer backsteinernen Turmruine auf der Insel.

Das Vasenhaus markierte zugleich die Grenze zur »Wildnis« des Beckerbruches, der trotz der Dammbauten und der zur Entwässerung angelegten Gräben jährlich oft längere Zeit unter Wasser stand. Von den einst zahlreicheren, den Freunden des Fürsten gewidmeten kleinen Parkbauten, den sogenannten Sitzen, sind der Schwarze Sitz am Eingang des Bruches und der Fürstensitz oder Gelbe Sitz, heute an der weiten Wasserfläche der ehemaligen Stiller-Plan-Wiese, rekonstruiert. Daneben gab es Kleinmonumente und Skulpturen. Der Schlafende Herm-

Georgium: Vasenhaus

Heinrich Theodor Wehle: Wallwitzberg zu den Anlagen vom Georgen Garten gehörig, *1800*

aphrodit auf der dritten Insel des heute zum See vergrößerten Fließgewässers gehörte dazu. Es handelt sich dabei um die Kopie einer antiken Skulptur, die Hans Jürge mit Winckelmann und Franz in der Villa Borghese in Rom gesehen hatte. Der erotische Rückenakt des wegen unerwiderter Liebe »zwangsvereinigten« Zwitterwesens ist in seinen Formen gleichsam ein Ebenbild der hügligen Dünenlandschaft und des dunklen, geheimnisvollen, nur von wenigen Wegen durchzogenen Bruchwaldes. »Labyrinthische Gänge verfolgend, genießen wir der Anmuth dieses lieblichen Gehölzes [...]. Aus einem sumpfigen Bruche, wie noch der Name bezeugt, haben es mit Kosten und Klugheit gezogene Gräben und Dämme, ingleichen wohlangebrachte Ruhesitze, in einen Lustwald verwandelt. Am 10ten August erschallt hier das Jauchzen fröhlicher Dorfschaften, welche das Geburtstagsfest des Fürsten, den Becher der Freude schwenkend, mit Reihentänzen begehen. Man glaubt sich während der Feier der Dionysien nach Griechenland versetzt.«[84]

Letzter Höhepunkt im wahrsten Sinne des Wortes, Achtungszeichen für die von Norden her Anreisenden und wundervoller Ausguck, war die heute leider verfallene, vor 1800 erbaute neugotische Wallwitzburg auf einem künstlich aufgeschütteten Hügel 30 Meter über dem Elbspiegel. Vom Fluß trennte die Anlage nur der schmale Streifen des Streitwerder, der noch weniger als der Beckerbruch durchgestaltet worden war. Inmitten seiner Wiesenlandschaft findet sich die Nachbildung eines antiken Sarkophagdeckels mit einer weiblichen Figur, die als »Sterbende Kleopatra« gedeutet wurde, in Wirklichkeit aber dem Vorbild einer »Ninfa dormente« genannten Figur aus der Kupferstichsammlung Il Museo Pio-Clementino folgt.

Das westliche Gegenstück zur Wallwitzburg war der sich heute wieder in ursprünglicher Höhe schlank emporreckende Elbpavillon in der Georgenallee. »Nichts übertrifft die Übersicht, welche man auf der Plattform nicht allein von den Gebäuden der Gartenanlage, und von der Stadt, sondern auch von der ganzen umliegenden Gegend hat«,[85] schrieb Rode am Ende seiner Wanderung durch den Georgengarten. Dieser Blick wurde noch reizvoller, als man nach 1800 den in Richtung Großkühnau liegenden Kuhberg durch Kirschbaumpflanzungen verschönerte und zugleich praktisch zu nutzen begann.

Wenn das Bestreben, das Nützliche mit dem Schönen zu einen, Hans Jürge ebenso mit Franz verband wie das Zitieren von Reiseerinnerungen, so war doch die Schöpfung des jüngeren Bruders ungezwungener, leichter und weniger pädagogisch angelegt. Sie bezieht ihren besonderen Reiz und ihre Kraft aus der Gegensätzlichkeit des hochkultivierten Georgiums und der »Wildheit« des Beckerbruches.

Schlußakkord – Großkühnau

Der Park von Großkühnau, der sich als schmaler Streifen von 1,5 Kilometer Länge und maximal 300 Meter Breite an das südliche Ufer des Kühnauer Sees schmiegt, ist die zuletzt entstandene Anlage des Dessau-Wörlitzer Gartenreiches.

1805 durch Erbprinz Friedrich begonnen, unterbrochen durch die Befreiungskriege und den frühen Tod Friedrichs, fortgesetzt durch dessen Sohn, den späteren Herzog Leopold Friedrich, wurde das einzige markante Bauwerk in direkter Beziehung zum Garten – das Weinbergschlößchen – erst nach Franz' Tod errichtet. Trotzdem ist es sicher falsch, diese durch Anpflanzungen verschönerte Natur nur als Abgesang einstiger Größe zu sehen. Vielmehr muß Großkühnau als Beginn einer Gartengestaltung verstanden werden, die sich von Bildungsaufgaben weitgehend löste.

Großkühnau gehörte zum Besitz des Fürsten Dietrich und fiel nach dessen Tod 1769 an Prinz Albert, den »Kühnschen Prinzen«, demjenigen von Franz' Brüdern, der sich nicht der großen Reform in Anhalt-Dessau anschloß. Um 1750 hatte Dietrich das heute noch erhaltene, *Farbtafel 25* schlichte ländliche Schloß in der Bautradition des nördlichen Barock errichten lassen, mit einer unaufwendigen Freitreppe, einem leicht betonten Mittelrisalit sowie einem kräftig hervortretenden Segmentbogengiebel über dem Eingang, der seinen Rhythmus an die Wölbung des in der Mittelachse liegenden Fensters und schließlich an den walmgaupenartigen Fensterausbau weitergibt, welcher den Mittelrisalit abschließt. So oder ähnlich – mit einem Doppelwalmdach – darf man sich die größeren spätbarocken Stadthäuser Dessaus vorstellen, an deren Stil Erdmannsdorff anknüpfte. In dem einzigen bemerkenswerten Saal des sonst weitgehend schmucklosen Schlosses könnte die klare Wand- und Deckengliederung und die zum Teil schon zerstörte Rankenmalerei ein frühes Werk Erdmannsdorffs sein oder zumindest auf seinen Einfluß hinweisen. 1825 wurde das Schloß unter Carlo Ignazio Pozzi überarbeitet.

Vermutlich nach der Fertigstellung des Schlosses ist auch ein kleiner Park angelegt worden. Ein mächtiger Tulpenbaum und riesige Sumpfzypressen bestimmen als Raritäten noch heute seinen Charakter. Von 1753 bis 1764 läßt sich das Schaffen Leopold Ludwig Schochs in Großkühnau belegten.

Der Logik der Grenzlage Großkühnaus folgend, wurde das etwa 75 Hektar große Areal des die Lücke zwischen den übrigen Anlagen und dem Schloßbezirk von Großkühnau schließenden Landschaftsgartens von der Stadtseite beziehungsweise vom Georgium her konzipiert. Vom Holländischen Bogen im Georgium bestand eine Blickachse zum Obelisken auf dem Ochsenwall zwischen Kühnau und Ziebigk, auf dem man zu Fuß den Park erreichen kann. Von diesem Obelisken, so beschrieb es Rode 1796, war der ganze See bis zum Schloß und Dorf zu übersehen. Die Hauptverbindung vom Georgium stellte aber die Fahrstraße nach Großkühnau dar, an welcher von den Sieben Säulen des Georgiums aus der schon erwähnte Amaliensitz auftaucht. Weiter hinaus befand sich rechts und etwas abseits der Straße in den schwarzen Kiefern das durch Silberpappeln markierte Dianenrondell. Von da konnte man in der Ferne schon die beiden Eingangstore des Parkes erkennen.

Der Weg durch das Löwentor mündet in Richtung der alten Burg Kühnau in den Wiesenkessel unter dem Weinbergschlößchen, dessen an der Rückseite angefügter Turm von hier seine eigentliche Wirkung entfaltet. Rechter Hand zieht sich ein über 25 Meter langer, 1822 angelegter Mauerzug hin, den Hirsch als die Skene, also den Bühnenabschluß eines »großräumig geplanten Volkstheaters« nach antikem Vorbild deutet.[86] Womöglich dachte man bei der Planung des romantischen Terrains wirklich an ein derartiges – allerdings stilles – Theater mit den »Schauspielern« Burgmauer, Weinbergschlößchen, Natur und Burgwall der alten Burg Kühnau.

Der neue, 1818 eingerichtete Haupteingang wird vom Rittertor gebildet, das auch als das Weiße-Männer- oder Matielli-Tor bekannt ist. Die um 1750 geschaffenen Figuren stellen rechts Theseus und Ariadne, links Mars und Venus dar. Sie stammen aus dem Garten der Gräfin Mosczinska aus Dresden.

Während der Weg von hier geradeaus entlang der von Baumgruppen und Solitäreichen rhythmisierten Wiesenflächen zu Kirche und Schloß führt, zweigt ein Pfad im engen Bogen nach rechts zu dem 1820 auf einer natürlichen Düne angelegten Weinberg ab. In Terrassen ansteigend, war und ist er die einzig stärker durchgestaltete Partie im Park von Großkühnau.

Farbtafel 24 Das Weinbergschlößchen selbst ist ein Werk Carlo Ignazio Pozzis und wurde von 1819 bis 1820 realisiert. Der klassizistische Viersäulentempel steht in der Nachfolge vergleichbarer Erdmannsdorff-Bauten wie etwa der Solitude auf dem Sieglitzer Berg, dem Floratempel in Wörlitz oder den Nebengebäuden des Landhauses Georgium. Vom Turm ergab sich ein weiter Rundblick. Doch auch der Hügel war ein Aussichtspunkt. Von dem 1831 für Erbprinz Friedrich von seinem Sohn gesetzten, ursprünglich durch eine Sitzbank in Form eines Sarkophags ergänzten, quadratischen Gedenkstein gleitet das Auge durch die wieder freigeschlagene, lange Waldschneise des Hechtzuges über den See in die weite Auenlandschaft der Elbe.

Farbtafel 25 Die romanisierende Backsteinkirche Großkühnaus am Rande des Schloßbezirkes ist nicht nur Orientierungspunkt und Blickfang für den Parkbesucher, sondern auch die letzte bedeutende Architekturleistung in direkter Beziehung zum Gartenreich. Sie zählt zu den frühesten neuromanischen Bauten Deutschlands. Die zwischen 1828 und 1830 nach einem Plan von Herzog Leopold Friedrich unter sicher tatkräftiger Mitwirkung Carlo Ignazio Pozzis entworfene und errichtete Kirche erreicht trotz gotischer Anklänge wie des Chorpolygons, der Strebepfeiler oder der unproportional groß erscheinenden Fenster besonders in den Terrakottaportalen, im Innenraum und in der Ausstattung, die wesentlich durch Friedemann Hunold geschaffen wurde, eine gelungene Aktualisierung romanischer Stileigentümlichkeiten. Nach dem »gewaltigen Vorlauf«[87], den Anhalt-Dessau in der Neugotik errungen hatte, stand es damit auch in der Wiederaufnahme der Romanik mit an erster Stelle.

Man müsse der Natur, meinte Franz von Anhalt-Dessau fast am Ende seines Lebens, »überall freien Raum gönnen, und wenn sie selbst ihre Gebilde wieder zerstört oder verkümmern läßt, noch Vorteil von ihren Mißgestalten und Verkrüppelungen ziehen«.[88]

Was sich hier so modern und wie die Aussage eines radikalen Naturschützers liest, bedarf der Hinterfragung, denn Natur war für Franz damals etwas anderes als für die Menschen des 20. und 21. Jahrhunderts. Im Landschaftsgarten glaubte er Natur nachzubilden, zu veredeln, zu verbessern. Daß diese »Natur« eine bereits über Tausende von Jahren durch menschliches Wirtschaften veränderte war, wurde nicht oder doch nur am Rande des Bewußtseins wahrgenommen. Den Garten, faktisch eine Vernichtung ursprünglicher Natur, galt es vornehmlich gegen die Zerstörung durch die »unkluge« Natur, nicht aber vor der Zerstörung durch die Menschen zu retten. Urbild war der verlorene Garten Eden, dem der unschuldige Mensch wie ein umsorgtes Baby an den Zitzen gehangen hatte und der nur zu dessen Befriedigung geschaffen schien. Wer Barthold Hinrich Brockes' Gedichte liest, die nicht nur die Natur, sondern auch die Bearbeitung und Ausbeutung durch den Menschen verklären, wird etwas von der Verwobenheit dieser langsam gewachsenen und in der Zeit der Frühaufklärung alles andere als widersprüchlich empfundenen Beziehung spüren: »Seh ich den regen Pflug, auf dunklem Grunde, ziehn: / Scheint mir der Ackersmann sich gleichsam zu bemühn, / Der milden Mutter dunkles Kleid, / Mit einer neuen Zierlichkeit, / Und in der That mit schönen grünen Schnüren, / In der geraden Furchen Strichen, durch die bald grüne Saat, zu zieren.«[89]

An der Wende vom 18. zum 19. Jahrhundert war im agrarischen Anhalt mit dem Dessau-Wörlitzer Gartenreich ein für diese Region wohl letzter großer Zusammenklang von Nutzungskultur und Natur unter reformabsolutistischem Regiment möglich geworden. Ende des 19., Anfang des 20. Jahrhunderts, also vergleichsweise spät, setzte in diesem noch immer weitgehend agrarischen Gebiet ein gewaltiger Industrialisierungsschub ein. Auf der Basis der über Tage abbaubaren Braunkohlevorkommen entwickelte sich eine elektrotechnische Industrie: Großkraftwerke, Energienetze, Karbochemie und damit verbundener Zweige des Maschinenbaues. Diese Industrien und die mit ihnen einhergehende, umweltverachtende Wirtschaftsweise bürgerlicher und proletarischer Provenienz machten diesen Teil des mitteldeutschen Industriegebietes zwischen Bitterfeld und Wittenberg innerhalb von 50 Jahren zu einem ökologischen Krisengebiet trauriger europäischer Berühmtheit. Bitterfeld, nach der deutschen Vereinigung ein gern eingesetztes Schlagwort zur Bezeichnung der Umweltzerstörung im Osten Deutschlands, und sein vergifteter »Silbersee« liegen keine Autostunde von Wörlitz entfernt. Die Türme des einstigen Kohlekraftwerkes von Vockerode geraten jedem noch so enthusiastischen Wörlitzreisenden wenigstens einmal vor Augen. Sie rauchen nicht mehr. Neben den umfänglichen Sanierungsvorhaben haben vornehmlich Betriebsstillegungen seit 1990 zu einer spürbaren Entlastung der Umwelt beigetragen. Doch die Belastung des Arbeitsmarktes ist immens. Die Zahl der Beschäftigten der ORWO-Filmfabrik Wolfen zum Beispiel sank von 1989 bis 1994 von 15 000 auf 800. Der seit 1990 ebenfalls einsetzende Suburbanisationsschub, der neben dem »Besiedlungsbrei« uniformer Wohn-, Gewerbe- und Kauflandschaften an den Peripherien der Städte und den Autobahnen nur wenige bedeutsame Industrieansiedlungen bewirkte, hat weder die Hoffnung auf »blühende Landschaften« noch auf ausreichend Beschäftigung erfüllen können.[90] Die mittellosen Kommunen jedoch sind dringend auf Investitionen angewiesen, so daß Objekte wie neue Großkraftwerke, Müllverbrennungsanlagen, extensive Straßenerweiterungen, Mülldeponien in Tagebaurestlöchern und ähnliches diskutiert wurden und werden. Längerfristig würde das zu einer weiteren Zerstörung der Region führen, zu einem weiteren Verfall ihres Ansehens und zur Vernichtung durchaus noch vorhandener Ressourcen.

Nicht zuletzt auf diese Ressourcen hat das am Bauhaus Dessau entwickelte Projekt »Industrielles Gartenreich« seit 1989 aufmerksam gemacht. »Es gibt«, schrieb Reiner Weisbach 1991, »nur wenige Regionen in Europa, in denen die Widersprüche zwischen hervorragenden naturräumlichen, kulturellen Potentialen und den Folgen einer Industrialisierung hautnaher und unmittelbarer zu erleben sind, als zwischen Dessau und Bitterfeld. Zwei Pole, [...] die gleichsam an den entgegengesetzten Enden der Welt liegen sollten, treffen hier aufeinander, sind so auch Synonym für die Begrenztheit und Unteilbarkeit der Natur geworden.«[91]

So gehören 40 Prozent der Region zu dem von der UNESCO ausgewiesenen, 43 000 Hektar großen Biosphärenreservat »Mittlere Elbe«. Unter den etwa 570 geschützten Tierarten des Gebietes befinden sich Biber, Dachs, Fischotter, Schwarzstorch, Europäische Sumpfschildkröte und Admiral. Und die bei Dessau in die Elbe mündende Mulde ist nicht nur ein giftbelasteter Fluß, sondern wegen ihrer geringen Verbauung zugleich »eines der letzten naturnah erhaltenen Fließgewässer Deutschlands«.[92]

Neben dem historischen »Gartenreich«, seinen über die Zeit bewahrten, verschütteten und verlorenen Anlagen, neben den noch immer Besucher aus aller Welt anziehenden singulären Bauhausbauten gibt es die alten, zwecklos gewordenen Kraftwerke und Industrien, aber auch Gartenstädte und Werkssiedlungen. Das Gebiet zwischen Bitterfeld, Dessau und Wittenberg kann als »eines der reichsten Experimentierfelder der Wohnungsreform in Deutschland«[93] bezeichnet werden. Und schließlich gähnen da die Wüsten des Bergbaus mit ihrer dahinrostenden Maschinerie und die Brachen, die die Industrie hinterlassen hat.

Für das 1994 in eine Stiftung überführte Bauhaus forderte das in den Umbrüchen der »Wende« initiierte Projekt unter anderem die kritische Auseinandersetzung mit der eigenen Vergangenheit, die »Abkehr von überzogener Industriegläubigkeit, Fordismusseligkeit, Geschichtslosigkeit, Ortsignoranz und ökologischem Desinteresse«.[94] Durch Modelle und in die Praxis überführte Projekte wurde ein »Langzeitexperiment« in Gang gesetzt, das »die Frage nach einem neuen Pradigma der Gestaltung einer humanen Lebensumwelt«[95] zu beantworten helfen soll. Während die Initiative anfangs sowohl in Fachkreisen als auch bei potentiellen Partnern vor Ort skeptisch bis ablehnend betrachtet wurde, gelang nach und nach eine Konsolidierung in beide Richtungen. Nachdem es von seiten der Bundesregierung schon 1991 die Idee gab, im Raum Halle / Leipzig / Bitterfeld eine »Weltausstellung der Sanierungstechniken« zu veranstalten, war das Projekt des »Industriellen Gartenreiches« schließlich dafür ausschlaggebend, daß die Region 1995 zum Korrespondenzstandort der EXPO 2000 in Hannover wurde. Nach einer Phase des theoretischen Diskurses und symbolischer Aktionen konnte nun verstärkt an die Umsetzung konkreter Vorhaben gegangen werden, an die Institutionalisierung verschiedener Projekte; an den Ausbau regionaler sowie nationaler und internationaler Kontakte. Mit dem »Masterplan Bitterfeld–Wolfen« oder dem »Teilraumkonzept für das Dessau-Wörlitzer Gartenreich« entwickelte man übergreifende Konzeptionen als Handlungsgrundlagen für die Gebietskörperschaften. Die Anerkennung des »Industriellen Gartenreiches« als einer »Region der Zukunft« durch den Bundesbauminister 1998 stellte nur einen Punkt in der Zunahme öffentlicher Wahrnehmung und Akzeptanz in diesen Jahren dar.

Neben dem bereits erwähnten, 1989 durch Schüler des Dessauer Gymnasiums »Philantropinum« besetzten Drehberg, an dem sich in Zusammenarbeit mit dem Bauhaus und verschiedenen Partnern ein alljährlich am letzten Wochenende im September stattfindendes Fest mit Kunst- und Theateraktionen etabliert hat, existieren weitere Projekte, die sich zumindest in Teilaspekten auch mit dem historischen Gartenreich beschäftigen. Die 1997 im Cranachhof in der Lutherstadt Wittenberk eröffnete »agentur reisewerk« bietet nicht nur spezielle Touren durch Dessau, Bitterfeld, Wittenberg sowie die Tagebau- und Industrieregion, sondern auch ins historische Gartenreich, freilich unter besonderer Rücksicht auf »Überformungen, Brüche und Neugestaltungen«. Auch das Projekt einer »Schule der Gartenkunst«, die die »landschaft von gestern für die kultur von morgen« behutsam revitalisieren möchte, bearbeitet sowohl bestimmte Flächen im denkmalgeschützten Gartenreich, etwa den Weinberg in Großkühnau, als auch die Brachenlandschaften der ausgekohlten Gruben. Mit der 1996 gelungenen Gründung des »Forum Dessau-Wörlitzer Gartenreich«, in dem neben der Stadt Dessau und den Gemeinden Wörlitz, Vockerode und Oranienbaum auch die Kulturstiftung Dessau-Wörlitz, die EXPO 2000 Sachsen-Anhalt GmbH sowie Vertreter verschiedener Ministerien und der regionalen Wirtschaft eingebunden sind, eröffnet sich die Chance übergreifender, zukunftsorientierter Planung für die Region, die sowohl Denkmalpflege und Tourismus als auch wirtschaftliche Überlegungen einbezieht.

Verschiedene, im »Industriellen Gartenreich« initiierte Vorhaben sind inzwischen als EXPO-Projekte bestätigt worden. Es ist vielleicht

Das Bauhaus-Projekt »Ferropolis – Die Stadt aus Eisen. Industrielles Gartenreich«

bezeichnend, daß es sich hierbei um finale, im herkömmlichen Sinn ausstellbare und nicht um prozeßorientierte Arbeiten handelt. Neben der 1986 unter Denkmalschutz gestellten und inzwischen sanierten, von 1916 bis 1919 erbauten Piesteritzer Siedlung, der Werkssiedlung »Kolonie« in Zschornewitz und dem Berufsschulzentrum am ehemaligen »Kulturpalast« in Bitterfeld steht hier als sogenannter Leuchtturm »Ferropolis«. Diese am 14. Dezember 1995 am Rande der Braunkohlengrube Golpa-Nord bei Gräfenhainichen gegründete »Stadt aus Eisen« besteht aus einem Ensemble von fünf, ursprünglich zur Verschrottung vorgesehenen, riesigen Baggern und Absetzern des ehemaligen Tagebaus. Sie soll »Mahnmal und Symbol für einen gewaltigen Landschaftsverbrauch und dessen ökologische Folgen« sein, zugleich aber »für einen Neubeginn im Umgang mit Natur und Landschaft« stehen. »Ferropolis« ist der Versuch, »eine neue Perspektive für die durch industrielle Ausbeutung verbrauchte Landschaft zu schaffen«, und soll helfen, die Fragen nach der Richtung des Strukturwandels und dem Aussehen einer »nachindustriellen Kulturlandschaft« zu beantworten.[96] So deutlich gerade die »Stadt aus Eisen« ein Zeichen für die Umwertung nutzlos gewordener Hinterlassenschaft des Industriezeitalters ist, so unerfüllbar scheinen die Erwartungen, die in dieses Projekt gesetzt sind. Nicht übersehbar ist, daß bei diesem in Zukunft inmitten eines Tagebausees aufragenden stählernen Artefakt in der Kraft seiner Bildhaftigkeit die Gefahr einer Ästhetisierung des Schreckens groß ist. Das Denkmal kann zur Bagatellisierung führen. Ähnliches gilt vielleicht auch für jenen »Windpark auf der Abraumkippe« als Endpunkt eines »Pfades der Industriellen Wandlung«, der von »Ferropolis« ausgeht.

Mit solchen allzu schlüssigen, und trotz gegenteiliger Absicht eine bestimmte Machbarkeit suggerierenden Bildern scheinen die temporären oder stärker prozessualen Projekte des »Industriellen Gartenreiches« nicht geschlagen zu sein. Beispielhaft stehen hier die Gartenexperimente in den Grubenlandschaften, das Projekt »Neue Arbeit« oder das vorerst gescheiterte Mulde-Projekt. Es gibt da sehr einfache Fragen, die zu stellen wären. Wann werden die Dessauer Kinder wieder in der Mulde baden können, oder in der Elbe? Möglicherweise ist ihnen das »Spaßbad« ein viel »natürlicherer« Ort.

Anfragen und Angebote zur Zusammenarbeit aus Regionen mit ähnlichen Problemen sind am Bauhaus inzwischen aus aller Welt eingegangen, aus England ebenso wie aus Schlesien, Südkorea oder den USA. Man ist zu der Überzeugung gekommen, daß hier umfängliche Arbeits- und Studienfelder für ein Bauhauskolleg gegeben sind, einen postgradualen Studiengang, der den Umgang mit den problematischen Hinterlassenschaften unserer Industriegesellschaft übt. Es ist zu hoffen, auch das in die Selbständigkeit entlassene »Industrielle Gartenreich« möge weiterhin Anstöße aus dieser Richtung erhalten.

Der Natur »überall freien Raum gönnen«, wie Franz von Anhalt-Dessau es vorschwebte und wie es schon damals eine Selbsttäuschung über die eigene Existenz war, das wird nicht möglich sein. Dazu hat der in einer von den großen Metropolen bestimmten Zivilisation lebende Mensch die Natur zu sehr an seinen Eingriff gebunden. Indem er aus ihrer Zerstörung Nutzen zog, hat er das Gegenteil von dem getan, was Franz von Anhalt-Dessau immerhin noch für möglich halten konnte. Vielmehr scheint es heute notwendig, »Natur durch Gestaltung« der wüsten Hinterlassenschaften des Industriezeitalters als eine »humane Umwelt« überhaupt erst wieder zu erzeugen.[97]

Anmerkungen

1 Zit. nach Biegel, Gerd (Hrsg.), *Wörlitz – ein Garten der Aufklärung*, Braunschweig 1992, S. 139.

2 Zit. nach Hirsch, Erhard, *Dessau-Wörlitz. Zierde und Inbegriff des 18. Jahrhunderts*, 2. Aufl. München 1988, S. 7.

3 Stürmer, Michael, *Dissonanzen des Fortschritts*, München/Zürich 1986, S. 21.

4 Menzhausen, Joachim, »Dresden – Potsdam – Wörlitz – Weimar«, in: *Barock und Klassik. Kunstzentren des 18. Jahrhunderts in der DDR*, Katalog Niederösterreichisches Landesmuseum, 2. Aufl. Wien 1984, S. 1–8, hier S. 4.

5 Reil, Friedrich, *Leopold Friedrich Franz Herzog und Fürst von Anhalt-Dessau*, gekürzter Neudruck, Hrsg.: Staatliche Schlösser und Gärten Wörlitz, Oranienbaum, Luisium, Wörlitz 1990, S. 41.

6 Ebd., S. 71.

7 Ebd., S. 76.

8 Ebd., S. 77.

9 Ebd., S. 74.

10 Ebd., S. 27.

11 Ebd., S. 21.

12 Zit. nach Hirsch, *Dessau-Wörlitz.* a.a.O., S. 37.

13 Reil, a.a.O., S. 109.

14 Ebd., S. 23.

15 Ebd., S. 69.

16 Ebd., S. 110.

17 Zit. nach Speler, Ralf-Torsten,»Erdmannsdorff, England und Italien - Beginn, Anregung und Quelle des Klassizismus in Deutschland«, in: *Friedrich Wilhelm von Erdmannsdorff. Leben, Werk, Wirkung*, Hrsg.: Staatliche Schlösser und Gärten Wörlitz, Oranienbaum, Luisium, 2. Auflage Wörlitz 1989, S. 33.

18 Reil, a.a.O., S. 25.

19 Ebd., S. 22 u. 34.

20 Ebd., S. 51.

21 Ebd., S. 37.

22 Ebd., S. 70f.

23 Ebd., S. 71.

24 Zit. nach Möller, Horst, *Fürstenstaat oder Bürgernation*. Deutschland 1763–1815, Berlin 1989, S. 340.

25 Zit. nach Hirsch, *Dessau-Wörlitz*, a.a.O., S. 106.

26 Novalis, zit. nach Hirsch, Erhard, »Die Wörlitzer Ökonomie – Vorbild für Deutschland«, in: *Der Dessau-Wörlitzer Kulturkreis*, Hrsg.: Rat der Stadt Wörlitz, Wörlitz 1965, S. 70–86, hier S. 70.

27 Zit. nach ebd., S. 76.

28 Jakob Gottlieb Isaac Bötticher, zit. nach Hirsch, Erhard, »Zierde und Inbegriff des XVIII. Jahrhunderts«, in: *Studien über den Philanthropismus und die Dessauer Aufklärung*, Wissenschaftliche Beiträge der Martin-Luther-Universität Halle-Wittenberg 3/1970, S. 100–149, hier S. 113.

29 Eine Auswahl nennt Hirsch, *Dessau-Wörlitz*, a.a.O., S. 114f.

30 Zit. nach Engelmann, Horst, »Georg Heinrich von Berenhorst – einer der bedeutendsten Militärtheoretiker vor Clausewitz«, in: *Zwischen Wörlitz und Mosigkau*, 31/1988, S. 10–13, hier S. 11.

31 Ebd.

32 Reil, a.a.O., S. 65 f.

33 Zit. nach Hirsch, »Elysische Felder«, in: *Der Dessau-Wörlitzer Kulturkreis*, a.a.O., S. 116–152, hier S. 127.

34 Ebd.

35 Johann Christian Gottfried Dressel, 1790, zit. nach Hirsch, *Dessau-Wörlitz*, a.a.O., S. 74.

36 Grundmann, Luise (Hrsg.), *Dessau-Wörlitzer Kulturlandschaft*, Leipzig 1992, S. 84f., und Valteich, Paul, »Der Landschaftspark Großkühnau – Entstehung, Rekonstruktion und Pflege«, in: *Dessauer Kalender, 1986*, Dessau 1986, S. 66–72.

37 Boettiger, Carl August, *Reise nach Wörlitz 1797*, ediert und erläutert von Erhard Hirsch, Wörlitz 1988, S. 15.

38 Zit. nach Brückner, Heike, *Der Drehberg im Dessau-Wörlitzer Gartenreich*, Dessau 1991, S. 10.

39 Zit. nach Hirsch, *Dessau-Wörlitz*, a.a.O., S. 111.

40 Boettiger, a.a.O., S. 13.

41 Carl Julius Weber, zit. nach Hirsch, *Dessau-Wörlitz*, a.a.O., S. 168.

42 Zit. nach Koch, Wilfried, *Baustilkunde*, München 1990, S. 237.

43 Quilitzsch, Uwe,»Der Blick nach China«, in: Biegel, a.a.O., S. 129–131.

44 Dauer, Horst, *Schloß und Park Mosigkau*, Leipzig 1987, S. 8.

45 Zit. nach Hirsch, *Dessau-Wörlitz*, a.a.O., S. 141.

46 Rode, August von, *Wegweiser durch die Sehenswürdigkeiten in und um Dessau*, 3 Bde., Dessau 1795–1798, Bd. I, S. 44.

47 Reil, a.a.O., S. 104.

48 Friedell, Egon, *Kulturgeschichte der Neuzeit*, Bd. 2, München 1928, S. 379.

49 Charles Joseph Fürst von Ligne, zit. nach Hirsch, »Elysische Felder«, a.a.O., S. 145.

50 Jean Paul, *Des Luftschiffers Gianozzo Seebuch*, Leipzig 1912, S. 73.

51 Ludwig Tieck, 10.5.1792, zit. nach Hirsch,»Elysische Felder«, a.a.O., S. 140f.

52 Johann Wolfgang von Goethe, zit. nach Hirsch,»Elysische Felder«, a.a.O., S.117.

53 Boettiger, a.a.O., S. 27.

54 Hirsch, *Dessau-Wörlitz*, a.a.O., S. 223.

55 Pauli, Gustav, *Die Kunst des Klassizismus und der Romantik*, Berlin 1925, S.29.

56 Zit. nach Speler, Ralf-Torsten, *Friedrich Wilhelm von Erdmannsdorff. Bahnbrecher der klassizistischen Baukunst auf dem europäischen Kontinent*, Dessau 1986, S. 26.

57 Anonym, zit. nach Hirsch,»Elysische Felder«, a.a.O., S. 133.

58 Erdmannsdorff, zit. nach Speler, a.a.O., S. 24f.

59 Rode, August von, *Das Leben des Herrn Friedrich Wilhelm von Erdmannsdorff*, Dessau 1801, S. 17.

60 Zit. nach Hirsch,»Elysische Felder«, a.a.O., S. 135. Nikolaus Abramowitsch Putjatin, einer der exaltiertesten Wörlitz-Besucher, hatte sich in Kleinzschachwitz bei Dresden ein eigenes »Klein-Wörlitz« erbaut und ließ sich und seine Familie auf dem Neuen Begräbnisplatz in Dessau beisetzen, wo sein monströses Grabmal noch heute zu sehen ist.

61 Zit. nach Möller, a.a.O., S. 412.

62 Boettiger, a.a.O., S. 22.

63 Zit. nach Alex, Reinhard / Kühn, Peter, *Schlösser und Gärten um Wörlitz*, Leipzig 1990, S. 133.

64 August von Rode, zit. nach Hirsch, Erhard, *Der Ursprung der deutschen Neugotik im aufgeklärten Dessau-Wörlitzer Reformwerk*, Dessau 1987, S. 5.

65 Friedell, a.a.O., S. 372.

66 Reil, a.a.O., S. 113f.

67 Boettiger, a.a.O., S. 42.

68 Ebd., S. 29.

69 Ebd., S. 37.

70 Ebd., S. 33.

71 Reil, a.a.O, S. 94.

72 Ebd., S. 94f.

73 Hölderlin, Friedrich, *Sämtliche Werke*, 4 Bde., 3. Aufl. Berlin 1943, S. 331.

74 Schiller, Friedrich, »Vom Erhabenen«, in: *Sämtliche Werke*, 10 Bde., Berlin 1980, Bd. I, S. 680.

75 Reil, a.a.O., S. 122.

76 Ebd., S. 122f.

77 Zit. nach Alex/Kühn, a.a.O., S. 205.

78 Rode, *Wegweiser*, a.a.O., Bd. II, S. 1.

79 Zit. nach Günther, Harri, *Park Georgium*, Dessau 1983, S. 6.

80 Zit. nach ebd., S. 8.

81 Rode, *Wegweiser*, a.a.O., Bd. II, S. 1.

82 Hirschfeld, Christian Cayus Laurenz, *Theorie der Gartenkunst*, Leipzig 1779–1785, 5 Bde. in 2 Bd., Nachdruck Leipzig 1985, Bd. 1, S. 161.

83 Zit. nach Günther, a.a.O., S. 40.

84 August von Rode, zit. nach Günther, a.a.O., S. 41.

85 Zit. nach Günther, a.a.O., S. 47.

86 Hirsch, *Dessau-Wörlitz*, a.a.O., S. 180.

87 Hirsch, *Ursprung …* , a.a.O., S. 54.

88 Zit. nach Reil, a.a.O., S. 95.

89 Brockes, Barthold Hinrich, *Poesiealbum 79*, Berlin 1974, S. 21.

90 Nach Kegler, Harald, »Das Industrielle Gartenreich«, in: Stiftung Bauhaus Dessau (Hrsg.), *10 Jahre Industrielles Gartenreich 1989–1999* (Text der Ausstellung vom 3.6.–5.9.1999 im Bauhaus Dessau), o.S.

91 Weisbach, Reiner, »Katastrophe oder Gesamtkunstwerk – zwei Kunstlandschaften«, in: Wehberg, Hinnerk (Hrsg.), *Wunden. Braunkohlebrachen zwischen Wörlitz und Bitterfeld*, Braunschweig 1991, S. 28.

92 Stiftung Bauhaus Dessau (Hrsg.) *10 Jahre Industrielles Gartenreich 1989–1999* (Text der Ausstellung vom 3.6.–5.9.1999 im Bauhaus Dessau), o.S.

93 Bodenschatz, Harald, u. a.,»Industrielles Gartenreich Dessau – Bitterfeld – Wittenberg«, in: *Stadt Bauwelt*, 82. Jg., 24/1991, S. 1284–1293, hier S. 1291.

94 Ebd., S. 1293.

95 Stiftung Bauhaus Dessau, a.a.O., o.S.

96 Ebd.

97 Nach Gernot Böhme, zit. nach Kegler, a.a.O., o.S.

Literaturauswahl

Alex, Reinhard, *Luisium*, Leipzig 1990

Alex, Reinhard, *Oranienbaum*, Leipzig 1984

Alex, Reinhard/Kühn, Peter, *Schlösser und Gärten um Wörlitz*, Leipzig 1990

Bechtoldt, Frank Andreas / Weiss, Thomas (Hrsg.), *Weltbild Wörlitz – Entwurf einer Kulturlandschaft*, Kataloge und Schriften der Staatlichen Schlösser und Gärten Wörlitz, Oranienbaum, Luisium 1, 1996

Biegel, Gerd (Hrsg.), *Wörlitz – ein Garten der Aufklärung*, Braunschweig 1992

Bodenschatz, Harald, u. a.,»Industrielles Gartenreich Dessau – Bitterfeld – Wittenberg«, in: *Stadt Bauwelt*, 82. Jg., 24/1991, S. 1284–1293

Bösching, Franz, *Der Genius veredelter Naturszenen in Anhalt-Dessau*, Leipzig 1801

Böttger, Johann Gottlieb, *Triumph der schönen Gartenkunst oder malerische Ansichten einiger neuen musterhaften Gartenpartien*, Leipzig 1804

Boettiger, Carl August, *Reise nach Wörlitz 1797*, ediert und erläutert von Erhard Hirsch, Wörlitz 1988

Brückner, Heike, *Der Drehberg im Dessau-Wörlitzer Gartenreich*, Dessau 1991

Dauer, Horst, *Schloß und Park Mosigkau*, Leipzig 1987

Dehio, Georg, *Handbuch der Deutschen Kunstdenkmäler*, *Sachsen-Anhalt*, Bd. 2, *Der Bezirk Halle*, München / Berlin 1983

Eisold, Norbert / Lautsch, Edeltraud, *Sachsen-Anhalt. Kultur, Geschichte und Landschaft an Elbe und Saale*, 2. Aufl. Köln 1992

Erfurth, Helmut (Hrsg.), *Die Kirche zu Dessau-Großkühnau*, Dessau 1990

Findeisen, Peter, *Denkmalpflege Sachsen-Anhalt*, Berlin 1990

Franzos, Karl Emil, *Aus Anhalt und Thüringen*, Berlin 1984

Grote, Ludwig, *Das Land Anhalt*, Berlin 1929

Grundmann, Luise (Hrsg.), *Dessau-Wörlitzer Kulturlandschaft*, Leipzig 1992

Günther, Harri, *Park Georgium*, Dessau 1983

Günther, Harri, »Die Sichtachsen in den Wörlitzer Anlagen«, in: *Dessau-Wörlitz*, Beiträge II, Halle 1988, S. 5-17

Harksen, Marie-Luise, *Die Kunstdenkmale des Landes Anhalt*, Bd. I., *Dessau*, Bd. II.1., *Landkreis Dessau-Köthen*, Bd. II.2., *Wörlitz*, Burg 1937–1943

Harksen, Sibylle, *Bibliographie zur Kunstgeschichte von Sachsen-Anhalt*, Berlin 1966

Hartmann, Adolph, *Der Wörlitzer Park und seine Kunstschätze*, Berlin 1913, Nachdruck Dessau 1991

Hennebo, Dieter / Hoffmann, Alfred, *Geschichte der deutschen Gartenkunst*, 3 Bde., Hamburg 1962–1965

Hirsch, Erhard, *Bibliographie zur Erforschung und Pflege des Dessau-Wörlitzer Kulturkreises*, Wissenschaftliche Beiträge der Martin-Luther-Universität Halle-Wittenberg, Heft 11, Halle 1989

Hirsch, Erhard, *Dessau-Wörlitz. Zierde und Inbegriff des 18. Jahrhunderts*, 2. Aufl. München 1988

Hirsch, Erhard, *Progressive Leistungen und reaktionäre Tendenzen des Dessau-Wörlitzer Kulturkreises in der Rezeption der aufgeklärten Zeitgenossen*, Diss. Halle 1969

Hirsch, Erhard, *Der Ursprung der deutschen Neugotik im Dessau-Wörlitzer Reformwerk*, Dessau 1987

Hirschfeld, Christian Cayus Laurenz, *Theorie der Gartenkunst*, 5 Bde. in 2 Bd., Leipzig 1779–1785, Nachdruck Leipzig 1985

Hosäus, Wilhelm, *Wörlitz*, Dessau 1902

Institut für Denkmalpflege (Hrsg.), *Denkmale in Sachsen-Anhalt*, Berlin / Weimar 1983

Kadatz, Hans-Joachim, *Friedrich Wilhelm von Erdmannsdorff*, Berlin 1986

Kempen, Wilhelm van, *Dessau und Wörlitz*, Leipzig 1925

Krawulsky, Roland, *Reiseführer Dessau-Wörlitz. Schlösser und Gärten*, Dessau 1991

Kruse, Joachim (Hrsg.), *Die Chalcographische Gesellschaft zu Dessau. Profil eines Kunstverlages um 1800*, Kunstsammlungen der Veste Coburg, Coburg 1987

Niederösterreichisches Landesmuseum (Hrsg.), *Barock und Klassik. Kunstzentren des 18. Jahrhunderts in der DDR*, Katalog, Schallaburg 1984, 2. Aufl. Wien 1984

Piltz, Georg, *Schlösser und Gärten um Dessau*, Leipzig 1964

Quilitzsch, Uwe, *Kleine Beschreibung der St. Petri Kirche zu Wörlitz sowie der Dorfkirchen Riesigk und Vockerode*, Wörlitz 1992

Rat der Stadt Wörlitz (Hrsg.), *Der Dessau-Wörlitzer Kulturkreis*, Wörlitz 1965

Reil, Friedrich, *Leopold Friedrich Franz Herzog und Fürst von Anhalt-Dessau*, Hrsg.: Staatliche Schlösser und Gärten Wörlitz, Oranienbaum, Luisium, gekürzter Neudruck, Wörlitz 1990

Riesenfeld, Erich Paul, *Erdmannsdorff, der Baumeister des Herzogs Leopold Friedrich Franz von Anhalt-Dessau*, Berlin 1913

Rode, August von, *Beschreibung des Fürstlichen Anhalt-Dessauischen Landhauses und Englischen Gartens zu Wörlitz*, neu herausgegeben und bearbeitet von Ludwig Grote, Dessau 1928

Rode, August von, *Das Gotische Haus zu Wörlitz, nebst anderen Ergänzungen der Beschreibung des Herzoglichen Landhauses und Gartens zu Wörlitz*, Dessau 1818

Rode, August von, *Leben des Herrn Friedrich Wilhelm von Erdmannsdorff*, Dessau 1801

Rode, August von, *Wegweiser durch die Sehenswürdigkeiten in und um Dessau*, 3 Bde., Dessau 1795–1798

Ross, Hartmut/Trauzettel, Ludwig (Hrsg.), *Der Englische Garten zu Wörlitz*, mit Texten von August von Rode nach der Ausgabe von 1798, Berlin 1987

Schwineköper, Berent, *Handbuch der historischen Stätten Deutschlands,* Bd. XI, *Provinz Sachsen-Anhalt*, 2. Aufl. Stuttgart 1987

Speler, Ralf-Torsten, *Friedrich Wilhelm von Erdmannsdorff. Bahnbrecher der klassizistischen Baukunst auf dem europäischen Kontinent*, Dessau 1986

Speler, Ralf-Torsten, *Friedrich Wilhelm von Erdmannsdorff, Begründer der klassizistischen Baukunst in Deutschland*, Diss. Halle 1982

Speler, Ralf-Torsten, *Friedrich Wilhelm von Erdmannsdorff und seine Zeit in literarischen Zeugnissen*, Hrsg.: Stadtbibliothek Dessau, Dessau 1986

Staatliche Galerie Dessau, Schloß Georgium (Hrsg.), *Friedrich Wilhelm von Erdmannsdorff. Sammlung der Zeichnungen*, Dessau 1986

Staatliche Schlösser und Gärten Wörlitz, Oranienbaum, Luisium (Hrsg.), *Friedrich Wilhelm von Erdmannsdorff. Leben, Werk, Wirkung*, Wörlitz 1987

Stiftung Bauhaus Dessau (Hrsg.), *Bauhaus Dessau – Industrielles Gartenreich Dessau – Bitterfeld – Wittenberg*, 1996

Stiftung Bauhaus Dessau / Verein Industrielles Gartenreich e.V. (Hrsg.), *Vom Bauhaus nach Bitterfeld: Reise zu den Ursprüngen des modernen Lebens*, Berlin 1998

Stiftung Bauhaus Dessau (Hrsg.) *10 Jahre Industrielles Gartenreich 1989–1999* (Text der Ausstellung vom 3.6.–5.9.1999 im Bauhaus Dessau), o. O., o. J.

Studien über den Philantropismus und die Dessauer Aufklärung, Wissenschaftliche Beiträge der Martin-Luther-Universität Halle-Wittenberg, Heft 3, Halle 1970

Trauzettel, Ludwig, *Wörlitz. Führer durch die Englischen Anlagen*, Berlin u. a. 1991

Valteich, Paul, »Der Landschaftspark Großkühnau – Entstehung, Rekonstruktion und Pflege«, in: *Dessauer Kalender 1986*, Dessau 1986, S. 66–72

Wäschke, Hermann, *Anhaltische Geschichte*, 3 Bde., Köthen 1912–1913

Wehberg, Hinnerk (Hrsg.), *Wunden. Braunkohlebrachen zwischen Wörlitz und Bitterfeld*, Braunschweig 1991

Thomas Weiss (Hrsg.), *Das Luisium im Dessau-Wörlitzer Gartenreich*, München / Berlin 1998

Personenregister

Copyright und Bildnachweis

Archiv Norbert Eisold, Blankenburg: S. 24/25, 26, 41 (unten), 56, 62/63, 66, 74, 134, 139, 146, 151, 159 (unten), 172, 174

Peter Kühn, Dessau: Titelbild, Rücktitel, Farbtafeln Nr. 1–Nr. 25, S. 2, 11, 17, 21, 23, 41 (oben), 47, 48, 51, 53, 54, 65, 71, 77, 114 (2), 119, 122, 125 (2), 127, 128, 131, 135, 141 (2), 142, 147, 148, 149, 154, 157, 159 (oben), 160, 164, 166, 168, 171, 173, 183

Staatliche Galerie Moritzburg, Halle: S. 12

Stadtarchiv Dessau: S. 30

Inhalt